Hans W. Wolff
Hessische Hundegeschischtscher

Hans W. Wolff

Hessische Hundegeschischtscher

zum Schebblache

Mit Zeichnunge von Ludwig Nardelli

Alle Rechte vorbehalten • Societäts-Verlag
© 2017 Frankfurter Societäts-Medien GmbH
Satz: Julia Desch, Societäts-Verlag
Umschlaggestaltung: Julia Desch, Societäts-Verlag
Druck und Verarbeitung: CPI books GmbH, Leck
Printed in Germany 2017

ISBN 978-3-95542-247-9

Inhalt

Vorwort 8
Beriehmde Hunde 10
Beriehmde Leut 13
Hund, wo kimmste her? 16
Verschdehe mir unser Hunde? 18
Hundevieh un Poesie (1) 19
Noch en beriehmde Hund 35
Wie nenne mer unsern Hund? 37
Rodkebbsche 39
Indressande Kleinischkeide iwwer Hunde 46
Prommenademischunge 47
Beese Erinnerunge 48
Ungeklärde Fraache 50
Hierarschiefraache 52
Tabuthema 54
Bidde mehr Reschpekt fer de Hund 55
Gemeinsamkeide 58
10 Fraache rund um de Hund 60
De Hund als solscher 62
De Hunding 64
Berufstädische Hunde 66
De Grund fer en Hund 68
De Birrohund 70
Friehkindlische Hundeerfahrung 73
Pawlow 75
En blinde Passaschier 79
Warum sinn mir uff de Hund gekomme? 83

Im Hundeparadies 85
Mer lernt nie aus 89
In memoriam Wilhelm Busch 91
Der Wurstdieb 92
Werdschaft – Gesund dorsch de Hund 95
Sozialkitt Hund 97
Hundedeutsch (1) 99
Beriehmt-berüschdischt 101
De Wolf un die siwwe Geisjer 103
Jetz waaß mers 110
Wie kriet mer Aaschluss? 112
Aahenglischkeit 115
Hundevieh un Poesie (2) 118
Hundedeutsch (2) 130
Hunde - Highlife 132
Hunde in de höchste Kreise 134
Sinn Sie en Hunderassist? 136

Der Autor 137

Wolff-Nardelli, des Geschbann,
zeischt eusch gerne, wasses kann.

Wacker ziehn zwaa aale Knagger
ihren Fluuch dorsch manschen Agger.

Lang schon schaffe die zu zweit,
ihre Saat blieht un gedeiht.

Heut sinn maa die Hundscher dran.

Vorwort

Willste net endlisch emaa e schee Hundebuch schreiwe? Sie, die Fraach is mir in de letzte Jahn minnsdens fuffzisch maa geschdellt worn. Von junge un aale Leut aus meiner weitverzweischte Pätschwörkfamillje.

Mer kann des verschdehe. Die hawwe fast allminanner irschendwann emaa e Hundeviesch bei sisch uffgenomme. En verschdoßene Köder villeischt, wo sisch dene im Urlaub uff Majogga zudraulisch genähert un um Asyl gebeddelt hat. Odder wo innem Frankforder Hundeheim ihr Mitleid erreescht hat.

Gut, mir selwer, mei Fraa un isch, mir hawwe schonn seit ewisch un drei Taach Hunde. Die waan un sinn eng mit unserm Lebe verwobe. Awwer dadriwwer e Buch schreibe! Wo isch vor lauder Hunde irschendwann wahscheinlisch selwer zu belle aafang.

Die Sach is ja so. Es gibt Leut wie mei Fraa un mei Dochder, die hawwe so ebbes wie e Seeleverwandschaft mit Hunde, ehnlische Gene, villeischt Erinnerunge an gemeinsame Seelewanderunge, isch waaß es net.

Isch hab sowas jedenfalls net. Isch hab von Haus aus e mehr odder wenischer neudrales Verhäldnis zu Hunde. Isch waaß aach aus langjährischer Erfahrung, dass Hundeviescher eim als emaa ganz schee uff die Näffe geh könne.

Egal. Mei Pätschwörkfamillje hat misch rumgekriet. Isch schreib jetz e Hundebuch. Basta.

Hans W. Wolff

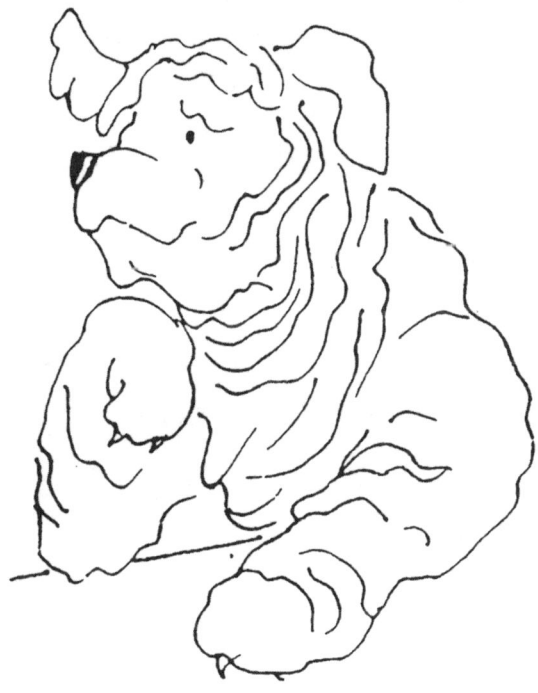

Beriehmde Hunde

Eurobas Geschischte, Kuldur un Ziwwilisation sinn ohne Hunde gaanet denkbaa. Isch geb Ihne zwaa Beischbiele.

Waan Sie maa in Rom? Dann wisse Sie villeischt, wer em Reemisch Weltreisch sei Hauptschdatt gegründet hat. Ja, des warn die Brieder Romulus un Remus. Die hat mer als Folsche von Familljeschdreidischkeide in de Tiber geschmisse. Da waan se noch ganz klaa un konnde net schwimme. Gligglischerweis wars e bissi windisch, un die Welle hawwe die zwaa ans Ufer geschbült. Dort hat eine bammhäzzische Wölfin uff se gewart un hat se so lang gesäuscht, bis se groß un schdack gewese sinn un Rom gründe konnte.

An diese Namensvetterin von mir sollt mer sisch öfder maa erinnern, wenn von beese Wölf, siehe Rodkebbsche, die Redd is. Isch schennier misch gaanet, dorsch die Uffwäämung von dere aale Geschicht e bissi Immidschfleesche fer die Wölf zu mache.

Beriemde Hunde gibds aach in neuere Zeide. Wer hat de Siedpol endeckt? De Roald Amundsen. Un sei Hunde. Die waan sogaa die allerallererste, weil se die Schlidde gezooche hawwe, uff dene Amundsen un sei Männer gesesse hawwe.

De Robert Scott un sei Männer warn damals ja aach unnerweeschs zum Siedpol, awwer ohne Hunde. Desweesche sinn se e paa Woche zu schbäd gekomme. Un weil aa Unglick selden allaa kimmt, sinn se schbäder uffem Rückweesch vehungert un erfrorn.

Hädde se nur aach Hunde mitgenomme! Dann wär des villeischt net bassiert.

Beriehmde Leut

Was hawwe die zum Thema Hund gesacht?

De Geede? Der hat fer Hunde net viel iwwrisch gehabt. "Wundern kann es mich nicht, dass Menschen die Hunde so lieben: Denn ein erbärmlicher Schuft ist, wie der Mensch, so der Hund." Venezianische Epigramme. Uiuiui! "Manche Töne sind mir Verdruss, doch bleibt am meisten Hundegebell mir verhasst, kläffend zerreißt es mein Ohr." Römische Elegien. Uiuiui!

Irschendwie fiehl isch misch da beschdädischt. Sie, mer glaabds net, wie oft isch mer schonn die Ohrn zugehalde hab! Bei Bellkonzerde von Zenta, Julsche, Janko un Bijou. So haaße unser bisherische vierbeinische Familljemidglieder. Drei von dene hawwe des Zeidlische schonn geseeschent. Mösche sie in Friede ruhn.

De Geede soll awwer net des letzte Wort hawwe. Bei allem Reschpekt.

Es gibt ja unzehlische Geisdesgreeße, wo ein freundlisches, ja innisches Vähäldnis zu Hunde gehabbt hawwe. Odder noch hawwe, wenn se net die Radiesjer schon von unne aagugge.

Isch derf da nur an aan von unsere Großschriftschdeller erinnern, den am Bodesee, der sisch als emaa mit seim

Heddschelhundsche im Fännseh odder sonstwo zeischt. Sie wisse, wen isch maan? Der, wo als Krach middem Herr Reich-Ranitzki gehabt hat.

Ja, unser Schrifdschdeller. Wisse Sie, wer de Bauschan gewese is? Em Thomas Mann sei Hundsche. Aans von seine Hundscher. Dem hadder e Denkmal gesetzt, des wo villeischt zwaa, drei Jahhunnerde iwwerdauern werd. So genau waaß mers ja net. Die Zeide ännern sisch. Mir aach. Wer waaß, was uns des diggidale Zeidalder alles noch beschert? Unser Enkel un Urenkel misse endscheide, ob se em Thomas Mann sein „Herr und Hund" noch lese wolle.

Isch selwer persönlich bin mit Hunde uffgewachse. Lidderarisch. Isch hab als klaaner Bub schon in de Edda rumbuchschdabiert. Dadrin hats ein forschteinflößendes Hundeviesch gegewwe: Garm, der Höllenhund.
Der hat misch bis in de Traum verfolscht.

Schbäder bin isch middem Rodkebbsche in de Wald un hab Blumme geflückt fer die Omma. Un bin awwer net middem Wolf nei zur Omma. Des war mir zu gruselisch.

Middem Wolf un de siwwe Geisjer bin isch ganz gut zurescht gekomme. Isch heiß ja selwer Wolff. Un irschendwann muss mer ja mit seim eischne Name Friede schließe.

Frankfurter Anthologie

Arthur Schopenhauer
Antistrophe zum 73. Venezianischen Epigramme
Wundern darf es mich nicht, daß manche die Hunde verleumden: Denn es beschämet zu oft leider den Menschen der Hund.

Johann Wolfgang von Goethe
Venezianisches Epigramm, Nr. 73
Wundern kann es mich nicht, daß Menschen Hunde so lieben; Denn ein erbärmlicher Schuft ist, wie der Mensch, so der Hund.

Hund, wo kimmste her?

Lang isses her, da war isch emaa Schbraachlehrer. Isch hab aach immer ebbes fer mei Fordbildung gedah.

Aamaa hab isch en Kongress besucht, der wo sisch mit Etymologie beschefdischt hat. Sie wisse net, was des is? Isch saachs Ihne. Es geht dadebei dadrum, wo die Wörder herkomme.

Aaner von dene Professorn uff dem Kongress hat den Urschbrung von unsere Wörder uff erfreulisch begreiflische Aad erkleert, ganz ohne en Haufe ladeinischer Ferz.

Nemme mer emaa aa, hadder gesacht, leider net uff Hessisch wie isch im Momment, en aale Germane sucht e Wort fer des Viesch wo bellt. Fer des Viesch hats eifach noch kaa Wort gegewwe. Warum der aale German des Viesch „Hunt" gedauft hat, isch waaß es net. Aans is sischer: der Name hat de annere aale Germane gefalle, is dadorsch unner die Leut gekomme, un so sinn mer halt allminanner uff de Hund gekomme.

Dadebei is aans klar: Hätt der aale German des Viesch beischbielsweis „Ohso" genennt un hädde des genieschend annere aale Germane nachgebabbelt, dann wär im Lauf von de Zeit aus dem Ohso en Ochs worn.

Un mei Fraa deht jetz morschens en Ochs Gassi fiehrn.

DUDEN

Etymologie

Herkunftswörterbuch der deutschen Sprache

Hund *m*: Der Hund ist wahrscheinlich das älteste Haustier der Indogermanen. *Gemeingerm.* *hunda- „Hund", das *mhd.*, *ahd.* hunt, *got.* hunds, *engl.* hound, *schwed.* hund zugrunde liegt, geht mit verwandten Wörtern in den meisten anderen *idg.* Sprachen – z. B. *gr.* kýōn „Hund" (s. zynisch) und *lat.* canis „Hund" (s. Kanaille) – auf *idg.* *k̑uu̯ō[n], Gen. *k̑unós „Hund" zurück. – Die Rolle des Hundes kommt sprachlich sehr unterschiedlich zum Ausdruck. Einerseits gilt der Hund seit alters als treuer Begleiter und Diener des Menschen, als Helfer bei der Jagd und als Bewacher und Schützer der Herden und des Eigentums, beachte z. B. die Zus. Hundeblick „treuer Blick", Hofhund, Jagdhund, Schäferhund, Schießhund, eigtl. „Hund, der das angeschossene Wild aufzuspüren hat", Wachhund. Andererseits gilt der Hund als niedere, getretene und geprügelte Kreatur und wird wegen seiner Unterwürfigkeit verachtet, beachte die Abl. hündisch (s. u.), 'Hund' als Schimpfwort

Ochse *m*, *ugs.* auch **Ochs** *m* „verschnittenes männliches Rind": Das *gemeingerm.* Wort *mhd.* ohse, *ahd.* ohso, *got.* aúhsa, *engl.* ox, *schwed.* ox beruht mit verwandten Wörtern in anderen *idg.* Sprachen – vgl. z. B. *aind.* ukṣā „Stier" – auf einer Bildung zu der *idg.* Wz. *ūgh- „feucht; feuchten, [be]spritzen". Diese Bildung bedeutet demnach eigtl. „Befeuchter, [Samen]spritzer" und bezeichnete also den [Zucht]stier. Zu der zugrunde liegenden Wurzel gehören z. B. *aind.* ukṣáti „befeuchtet, bespritzt" und *lat.* ūvidus „feucht, naß", ūmēre „feucht sein", ūmor „Feuchtigkeit" (vgl. Humor). – Abl.: ochsen *ugs.* für „eifrig lernen" (19. Jh., aus der Studentensprache; eigtl. „schwer arbeiten wie ein als Zugtier verwendeter Ochse"; vgl. den Artikel büffeln). Zus.: Ochsenziemer „schwere Klopfpeitsche, Züchtigungswerkzeug" (18. Jh.; der zweite Bestandteil ist entweder aus 'Sehnader' umgebildet oder ist identisch mit Ziemer *m* „Rückenbraten [von Wild]; Glied [von Ochsen u. a.]", *mhd.* zim[b]ere; die Klopfpeitsche wurde früher aus dem getrockneten Zeugungsglied eines Stiers hergestellt).

Verschdehe mir unser Hunde?

Sie kenne des: Sie komme haam. Ihrn Hund kimmt gerennt. Schleggt Sie ab, leggt an Ihre Händ, leggt Ihr Baa ab. Sie hawwe noch Tornhose aa weil, Sie komme grad vom Jogge zurick.

Is des jetz e Zeische von Zuneischung? Odder schmeggt des eifach schee salzisch weil, Sie hawwe beim Laafe ganz schee geschwitzt?

Ich waaß es wägglisch net. Isch musses aach net wisse. Isch kann misch dadriwwer doch einfach e bissi freue. Isch kann mer aach eiredde, dass des wägglisch un wahafdisch e deudlisches Zeische von Zuneischung is. Warum net?

Du liewe Zeit! Mir redde uns doch von morschens bis aawends Sache ei. Mir heern beschdimmt middem Raache uff. Mir nemme nächst Jah zeh Killo ab. Mir kriehe e friedfäddisches Europa hie, aach wenn mer dadebei aam wern.

Isch saach Ihne aans: Ohne die Zuneischung von unsere geliebde Vierbeiner kriehe mer des net hie.

Hundevieh un Poesie (1)

Mir sitze hier in froher Runde
un schweddse iwwer unser Hunde.

De Schnappi hat mei Fraa gebisse
un gesdern uff mei Bett geschisse.

Em Kall sein Fips hat widder Fleh,
sei Fell hat Löscher, ach herrje!

De Liz ihr Westiedam is läufisch
un hats mit zwaa, drei Rüde. Häufisch.

Em Willi is sein Spitz endlaafe,
desweesche kanner nachts net schlafe.

Im Voochelsbersch sinn Wölf zurick
un hadde schon zisch Schaf am Knick.

Des alles mäscht uns gaanix aus.
Demnäschst kimmt nochen Hund ins Haus.

Zisch Jahr lang hawwe mir schonn Hunde,
zisch Kratzer gewwe davoo Kunde,
net nur dehaam an jeder Dier,
an meiner Fraa aach. Un an mir.

Net jeder find die Möpse schee.
No ja, des kann mer ja verschdeh.
Doch wem die Möps hier net gefalle,
der hat se wägglisch net mer alle.

En gude Hund basst uff un wacht
jederzeit bei Taach un Nacht.
Fer en Dieb kann nur was laafe,
wenn de Wachhund eigeschlafe.

Is da im Äädreisch Gold väschdeggt?
Wird da en aale Schatz endeggt?
Peifedeggel. Nix dergleische.
Heut muss e klaa Mäusje reische.

Vorsischt! Beim Schbazzieregeh
soll mer oft nach unne seh.
Wenn ebbes ann de Schuhsohl babbt,
dann is mer in was neigedabbt.

Als Hund find mer es zimmlisch bidder
im Zoo zu lebe hinner Gidder.
Es fehle in seim Hundelebe
die Beem, wo mer sei Baa kann hebe.

Wächst mer als Hund in Deutschland uff,
da is mer meisdens ganz gut druff.
Wächst mer in China uff, ja dann
schmort mer villeischt in erer Pann.

Hat mer als Hund viel Grips im Hern,
dann hält mer sisch von Forschern fern.
Was im Labor die mit eim mache
sinn meisdens ungesunde Sache.

Bei Eskimos lebt mer als Hund
im allgemeine sehr gesund.
Es Fresse hat viel Fettgehalt,
die Luft is rein. So werd mer alt.

Fährt mer als Raumfaadhund ins All,
hat mers Geriss uff jeden Fall.
Worldwide sieht mer sei Konderfei
un kimmt beschdimmt ins Fännseh nei.

Em Metzger Ochs geheert en Hund,
der treibts maa widder zimmlisch bunt.
De Metzger Ochs is not amused.
Ob der mit dem seim Hund noch schmust?

De Willi Umbach hat en Collie,
e Fennomehn, mein liewer Scholli.
Der zehlt bis fufzisch, garrandiert.
Mer siehts, mer heerts, mer is geriehrt.

De Charly is en Labrador,
er singt inerem Hundechor
in Kanada. Ja, in Quebec.
Hier heert mer nix. Sis zu weit weg.

Was Umweltschitzer sehr beklaache:
In England duht mer Füchsjer jaache.
Von Jääschern wern die net geschosse,
wer jaacht, sinn Hundeaadgenosse.

Noch en beriehmde Hund

E Geschischt wo eim ganz waam ums Häzz wird, des is die vom Argos.

Sie wisse net, wer Argos war? Isch saachs Ihne.

Des war de Hund vom Odysseus. Der war ja bekanndlisch de Sohn vom Sissifuss, also dem aame Kerl wo, weesche isch waaß net weesche was ferer Schdraaftat, en Felsblock en Bersch enuff schdemme musst. Uff Aaordnung von aam von de Griesche ihre viele Gödder. Es kann aach e Göddin gewese sei. Villeischt sogaa mehrere. Bei de Griesche ihrer Vielgödderei bin isch gedäschtnismäßisch e bissi iwwerfordert. Jedenfalls issem Sissifuss der Felsbrocke als widder nunnergerollt, jedesmaa wennern grad uff de Berschgibfel enuffgekriet hat. Des war aach göddlische Aaordnung.

Wie gläubische Griesche dadriwwer gedacht hawwe, mer waaßes net. Was die ihrerseits iwwer unser christlische unbefleggde Emfängnis vom Jesus gedacht hawwe, mer waaßes aach net.

De Jesus wär zur Zeit vom Sissifuss noch gaanet geborn gewese, maane Sie? Mööschlisch. Des geht bei mir zeidlisch als emaa e bissi dorschenanner.

Von was haddemers?

Vom Odysseus, rischdisch. Also, der is nach unzählische Irrfahde un haaschdräubende Abendeuer endlisch widder haam nach Ithaka. Zimmlisch abgerisse un runnergekomme, nach all dene Irrfahde un Kaddasdrofe unnerweeschs.

Un jetz halde se sisch fest: Wer von de Ithaker hadden zuerst erkannt? Net sei Fraa, die Penelope. Aach net sein Sohn, de Telemachos.

Naa, sein Hund Argos.

Mit der ehelische Treue vom Odysseus wars ja net so weit her.

Mer kennt ja sei Teschdelmeschdel unnerweeschs uff dene Irrfahde.

An der Treue vom Argos hädder sisch e Beischbiel nemme könne.

Was saache viele Hundebesitzer? Die Hunde sinn die bessere Mensche.

Wie nenne mer unsern Hund?

Es gibt en Haufe Büscher mit Hundename drin. E paar von dene hab isch dorschgebläddert. Dausende von Name, wägglisch.

Trotzdem deht isch dem Kabiddel gern nochen eischene Beidraach aafüüsche.
Dadezu muss isch allerdings e bissi weider aushole.

Isch hab, lang isses her, emaa in Frankreisch schdudiert. In Grenoble. Da hats en Professor Guichard gegewwe, der hat e Seminar iwwer Lafontaine gehalde. Net Oskar. „Jean de Lafontaine" hat des Seminar gehaaße.

Wie de Musjöh Guichard em Lafontaine sei Tierfabele zum Lebe erweckt hat, großaadisch. Unvergesse.

Aamaa isses um en Kater gegange. Der hat, wenn em de Maache geknorrt hat, sei Beute immer mit völlisch iwwerzeuschende Schbrüsch erst aagelockt un dann uffgefresse.

In dem Kater seim Verloggungsvokabulaa hat des „ch" e ganz groß Roll geschbielt. Dadezu muss mer wisse, dass die enschbreschende Wörder mit „ch" geschriwwe, awwer wie „sch" geschbroche wern. Also, in dere Fabel war als die Redd vom „chat", also vom Kater. Un de Musjöh Guichard hat dann vom „valeur affective du ch" geschwäämt, also vom Gefühls- odder Gemütswert vom „ch".

Dadebei hadder aach annere Schbraache ins Feld gefiehrt, wo des „ch" aageblisch e Admosfär von Zäädlischkeit verbreided.

Aach im Deutsche, hadder gesacht. Die Liebeserklärung im Deutsche deht heiße: Ich liebe Dich. Ausgeschbroche hadder des awwer so: Ischsch liebe Dischsch.

Isch musst damals forschbaa lache, in mei Dascheduch enei, dass mers net sieht un heert. Peinlisch.

Scheene Erinnerunge. Awwer isch muss saache, es is schonn ebbes draa an dem Gemütswert vom „ch". Isch bin da ganz uff de Welleläng vom Musjöh Guichard.

Desweesche hier e paar scheene Hundename mit „valeur affective", die wo isch in dene Namensbüscher nirschends endeggt hab:

Schatzi(li)   Schmusi
Schnuggel(i)   Schnurrliburr
Schnuggelsche   Schluffi
Schluppi(i)   Huschelwusch(i)
(lieber) Scholli)   Hatzischatz(i)
Schelm(i)   Schelmsche

Schitt! Mehr fellt mer im Momment net ei.

Rodkebbsche

Vom Rodkebbsche un vom beese Wolf is ja schonn e paa maa die Redd gewese. Un weil des ganze Bischelsche hier von vorne bis hinne in Hessisch geschriwwe is, da hab isch gedacht, e Iwwersetzung von dem wunnerscheene Märche ins Hessische deht gut eneibasse.

Rotkäppchen

Es war einmal eine kleine süße Dirne, die hatte jedermann lieb, der sie nur ansah, am allerliebsten aber ihre Großmutter, die wusste gar nicht, was sie alles dem Kinde geben sollte. Einmal schenkte sie ihm ein Käppchen von rotem Sammet, und weil ihm das so wohl stand und es nichts anders mehr tragen wollte, hieß es nur das Rotkäppchen. Eines Tages sprach seine Mutter zu ihm: „Komm, Rotkäppchen, da hast du ein Stück Kuchen und eine Flasche Wein, bring' das der Großmutter hinaus; sie ist krank und schwach und wird sich daran laben. Mach' dich auf, bevor es heiß wird, und wenn du hinaus kommst, so geh hübsch sittsam und lauf nicht vom Weg ab, sonst fällst du und zerbrichst das Glas, und die Großmutter hat nichts. Und wenn du in ihre Stube kommst, so vergiss nicht guten Morgen zu sagen und guck' nicht erst in alle Ecken herum."

„Ich will schon alles gut machen", sagte Rotkäppchen zur Mutter und gab ihr die Hand darauf. Die Großmutter aber wohnte draußen im Wald, eine halbe Stunde vom

Dorf. Wie nun Rotkäppchen in den Wald kam, begegnete ihm der Wolf. Rotkäppchen aber wusste nicht, was das für ein böses Tier war und fürchtete sich nicht vor ihm. „Guten Tag, Rotkäppchen", sprach er. „Schönen Dank, Wolf." „Wo hinaus so früh, Rotkäppchen?" „Zur Großmutter." „Was trägst du unter der Schürze?" „Kuchen und Wein: gestern haben wir gebacken, da soll sich die kranke und schwache Großmutter etwas zu gut tun und sich damit stärken."

Rodkebbsche

Es war emaa e sießß klaa Meedsche, des hat jeder gleich lieb gehabt, ders nur emaa korz aageguggt hat. Am allerliebste awwer hats sei Omma gehabt, die wusst gaanet, was se der Klaa noch alles schenke kennt. Aamaa hat se ihr e Kebbsche aus rodem Samt geneht, des hat ihr so gut geschdanne, dass se gaanix mehr anneres uff ihrm Kobb hawwe wollt. Desweesche hawwe alle Leut nur noch Rodkebbsche zu ihr gesacht.

Eines Daachs hat ihr Mamma gerufe: „Komm emaa bei misch, Rodkebbsche, hier hast de e Schdick Kuche un e Fläschje Wei, des bringst de de Omma niwwer. Die is krank un net uff de Baa, des werd se e bissi uffmundern. Mach disch uff die Schdrimp ehs zu heiß werd, un bedraach dich aaschdennisch unnerweeschs. Bleib schee uffem Weesch, sonst borzelsde womeeschlisch uff die Nas un mäschst die Flasch kabutt, un die Omma hat nix

devoo. Un wenn de zu de Omma in die Schdubb nei kimmst, dann sach schee „Gude Morsche, Omma", net vergesse!, un gugg net als erst in semdliche Egge erum!" „Ja, ja, Mamma, des krieh isch schonn hie", hats Rodkebbsche gesacht un ihr des in die Hand nei verschbroche.

Die Omma hat awwer drauße im Wald gewohnt, e halb Schdund vom Dorf weg. Wie es Rodkebbsche jetz in de Wald komme is, da issem en Wolf iwwer de Weesch gelaafe. Des Rodkebbsche hat awwer net gewusst, was fer e beesaadisch Viesch so en Wolf is un hat desweesche gaakaa Angst vor em gehabt. „Ei gude wie, Rodkebbsche", hat de Wolf gesacht. „Gud, dangeschee, Wolf". „Wo sollsen hiegeh so frieh am Daach?" „Zu meine Omma." „Was hast de da unner deiner Scherz?" „Kuche un e Fläschje Wei fer die Omma. Gesdern hawwe mer gebagge, des is ebbes Gudes fer die krank Omma, da kimmt se sischer bald widder uf die Baa." „Saach emaa, Rodkebbsche, wo duht eischendlisch dei Omma wohne?" „Ei e Verdelschdindsche von hier, hinne im Wald, da gibts drei große Eischbeem, dadrunner

schdeht ihr Haus. Unne sinn so Nusshegge, die kennst de doch, gell?" Derweil hat sisch de Wolf folschendes iwwerleescht: „Des junge abbediddlische Ding is e brima Middaachesse fer mich un schmeggt mer beschdimmt besser wie die aal Scheggel. Awwer isch muss mer schonn ebbes eifalle lasse, damit isch alle zwaa verwisch." Also isser noch e Schdiggsche newerm Rodkebbsche hergelaafe un hat dann gesacht: „Rodkebbsche, gugg doch emaa, was da hinne fer scheene, scheene Blumme blieh. Heerst du eischendlisch, wie lieblisch die Veeschelscher da hinne in de Beem zwiddschern duhn? Du leefst ja grad als dehts de in die Schul misse. Dadebei isses doch so schee da hinne im Wald!"

Da hats Rodkebsche um sisch geguggt un gesehe wie die Sonneschdrahle zwische de Beem hie un her gedanzt sinn un wie iwwerall Blumme ihr Köbbscher enausgeschdeggt hawwe. Da hats gedacht: „Isch kennt ja vielleischt de Omma so en Schdrauß frische Blumme mitbringe, da werd se ihrn Schbass draa hawwe. Es is ja noch frieh am

Daach, da komm isch sischer noch beizeide hie." Also isse in de Wald enei. Wenn se e paar Blumme abgerobbt hadde, da isses ihr vorgekomme, als dehte hinne im Wald noch viel schennere schdeh, also nix wie

hie. Ja, so isse halt immer diefer in de Wald gerade. De Wolf is awwer direggt zu de Omma ihrm Haus gelaafe un hat aageklobbt. „Wer issen da?" „Es Rodkebbsche, mach uff, Omma, isch bring Kuche un e Fläschje Wei fer dich." „Drick die Klink nunner, ich kann mommendan net uffschdeh, isch bin zu schwach uff de Baa." De Wolf drickt die Klink, die Diehr geht uff, de Wolf duht kaan Muggs, mäscht en Satz zu dem Bett von de Omma un verschluggt se. Er zieht ihr Kleider aa, setzt sisch ihr Haub uff, leescht sisch in ihr Bett un zieht de Vorhang zu.

Derweil hats Rodkebbsche als weider Blumme gefliggt, so en Haufe, dass se kaa mehr draache konnt. Da is ihr uff aamaa die Omma widder eigefalle, un sie is jetzt ganz schnell zu ihr hiegerennt. Dort aagekomme, hat se sisch gewunnert, dass die Dier von de Omma ihrm Haus uff war. E määggwirdisch Gefiehl hat se iwwerkomme, wie se in die Schdubb nei is. „Jesses naa", hat se gedacht, „isch hab ja rischdisch e bissi Angst, debei bin isch doch immer so gern bei de Omma!" Dann hat se „Gude Morsche, Omma!" ge-

sacht, awwer kaa Andwort kriet. Jetz isse zum Bett niwwer un hat die Vorheng zurickgezooche: da hat die Omma geleesche, ihr Haub ganz dief ins Gesicht gezooche un hat ganz komisch ausgeseh. „Ei Omma, du hast ja so große Ohrn!" „Damit isch disch besser heern kann." „Ei Omma, du hast ja so große Aache!" „Damit isch disch besser sehe kann." „Ei Omma, du hast ja so große Hend!" „Damit isch disch besser aafasse kann." „Awwer Omma, du hast ja e ganz forschbaa groß Maul!" „Damit isch disch besser ufffresse kann." Nach dere Antwort is de Wolf mit aam Satz ausem Bett gehibbt un hat des Rodkebbsche, zack!, nunnergeschluggt.

Wie er dann net mehr babb saache konnt, hat er sisch widder umgeleescht un aagefange ganz mordsmeeßisch zu schnasche. Zufellisch is da grad de Jeescher vorbeigekomme un hat gedacht: „Verdebbel aach, die aal Fraa schnascht ja wie sonst was, der werd doch nix bassiert sei?" Also isser ninn in die Schdubb. Wie er ans Bett kimmt, sieht er, de Wolf is drin. „Haa, habb isch disch endlisch, aaler Räuwer", rieft er un will de Wolf grad uffs Korn nemme. Da fellt em reschdzeidisch ei, dass de Wolf meeschlischerweis die Omma uffgefresse hat. Also duht er net schieße un fengt aa, middere Scher dem eigepennde Wolf die Wamb uffzuschneide. E paar Schnitt weider taucht e rod Kebbsche uff, er schnibbelt weider, hopps!, da hibbt

die Klaa raus un sächt: „Jesses, was hab isch misch verschreggt! Was war des so dungel in dem seim Bauch!" Gleisch druff is die Omma zum Vorschei gekomme, lewendisch, awwer e bissi außer Adem. Da hats Rodkebbsche, was hasde was kannsde, Schdigger zeh, zwelf große Schdaa ebeigeholt. Die hawwese dann zusamme dem Wolf in sein Bauch eneigeschdobbt. Wie der dann wach worn is, wollt er fortrenne, is awwer weesche dene schwere Schdaa so bees hiegedorzelt, dasser doot war.

Da warn se alle drei heilfroh, mer kanns verschdeh. De Jeescher hat dem Wolf es Fell iwwer die Ohrn gezooche un hat sisch dademit uff de Haamweesch gemacht. Die Omma hat den Kuche verdriggt un des Fläschje Wei geschläuscht un is ganz schnell widder uff die Baa gekomme. Des Rodkebbsche awwer hat sisch folschendes hinner die Ohrn geschriwwe: „Nie mehr in meim Lewe geh isch vom reschde Weesch ab in de Wald, wemmers die Mamma verbode hat."

Indressande Kleinischkeide iwwer Hunde

Fraache: Kimmt irschendwo in de Bibel en Hund vor?
Antwort: Jawoll:
"Ein lebendiger Hund ist besser als ein toter Löwe."

Prediger 9,4

Fraache: Gibds Hundeschdelle im Geede seim Faust?
Antwort: Jawoll:
"Es möchte kein Hund so länger leben!"

Faust in Faust I, "Nacht", Vers 376

"Ein Hündschen wird gesucht,
Das weder murrt noch beißt,
Zerbrochene Gläser frißt
Und Diamanten …"

"Annonce", Zahme Xenien, 8. Buch

"Jeder Hund ist besser als gar keiner."

Konrad Lorenz

"Wer net liebt en Hund, e Katz,
der liebt aach net sein Schatz."

Hessischer Schbruch

Prommenademischunge

Mir hawwe ja heutzudaach mehrheidlisch kaa Brobbleme dademit, dass sisch Leut mit ganz unnerschiedlische Miggrationshinnergrind ehelisch odder sonstwie vermische.

Eischendlisch sinn uns da die Hunde mit gudem Beischbiel vorangegange: En Scheferhund kann sisch doch ganz ohne Gewissensbisse mit erer Airdaleterrierin vereinische und sisch freue, wenn dadebei ebbes gaanet Reinrassisches erauskimmt.

Im Grund genomme is uff die Aad und Weis ja des modänne Amerika enschdanne. Leut mit de unnerschiedlischste Miggrationshinnergrind, Engländer, Franzose, Mexikaner, Schbanier, Pole und was waaß isch hawwe uff die übblische Aad un Weis daachs un nachds zusammegelebt, Kinner gekrit un Amerika zu dem gemacht, wasses heut is. En sogenannte melting pot. E Gemischdibbe, frei iwwersetzt.

Beese Erinnerunge

1945 sinn die letzte Schüss vom Zweide Weltkriesch in Deutschland gefalle, 2015 hat mer sisch iwwerall dadraa erinnert. Isch aach; isch hab de letzte Akt der Tragödie als junger Soldat erlebt. Beese Erinnerunge!

Isch waachs ja kaum zu erwähne: De Hitler, der so forschbare Schandtate uffem Gewisse hat, der war en Hundeliebhawwer!

Blondi hat sei Schäferhündin geheiße. Sie, die hat de Hitler dorsch en große Teil von seim tausendjährische Reisch begleit. Hat ihr awwer nix genutzt. De Hitler hat se korz vor seim eischene Selbstmord dorsch sei SS-Leibwache mit Zyankali umbringe lasse.

In dere beese Zeit war mer aach als Hund nie seines Lebens sicher. Aame Blondi!

Als russischer Hund war mer net besser draa. Da konnts bassiere, dass mer als Panzervernischder verheizt worn is. Erst hawwe se eim en Haufe Leggerli unner russische Panzer gelescht. Hat mer sisch als Hund erst emaa an den scheene Fudderblatz gewehnt, hawwese aan mit Schbrengladunge uff deutsche Panzer losgelasse.

Fer misch war de Zweide Weltkriesch im März 1945 Goddseidank zu End.

48

Des Gefangenelaacher in Ste. Ménéhould war kaa Zuggerschlegge. Mir warn da zu viele hunnerde zusammegefercht. Unner uns warn viele Östreischer. Die warn ja damals Deutsche. Um se e klaa bissi von uns Altdeutsche zu unnerscheide, hat mer se „Ostmärker" genennt.

Unser Uffbasser, die Franzose, hadde fer die Östreischer odder Ostmärker ebesowenisch Simmbadie als wie fer uns.

Wisse Sie, wie mer die Östreischer korrekt uff Franzeesisch nennt? „Les Autrichiens". Die Franzose hawwe des Wort awwer damals e bissi annersder ausgeschbroche: „Les autres chiens". Rischdisch iwwersetzt haaßt des „die annern Hunde".

Eischendlisch will mer die aale Geschischde ja gaanet mer heern. Desdeweesche heer isch jetz schnell dademit uff.

Aame Hunde sinn mer jedenfalls damals allminanner gewese.

Ungeklärde Fraache

Warum wälze sisch unser Hunde als emaa wie die Verriggde in ebbes Eklischem un Schdingischem uff dere Wiss vor unserm Haus?

Is des e Aad von Pafföng fer die?

Ob die Hunde irschendwann emaa lerne, e bissi Ricksischt uff unser Nase zu nemme? Des bassiert sischer erst dann, wenn se mit ihrm Schwanz belle.

Hawwe Hunde e Ahnung von morschens, middaachs, aawends? Des hawwese wahscheinlisch. Hunde traache kei Uhrn, awwer sie wisse ganz genau, wanns Zeid is fer Middaach- un Aawendesse. So genau, dasse laudschdack reglamiern, wenn mir Zwaabeiner emaa e bissi schbäder draa sinn.

Ob se mägge, wie die Zeit vägeht? Aach die Lebenszeit, dasse irschendwann die Radiesjer von unne aagugge, isch glaabs net.

Mir Zwaabaaner wisse, irschendwann misse mer de Leffel abgewwe. Schee is des net.
Hunde wisse des sischer net. Dadevoo bin isch iwwerzeuscht. Un in dere Beziehung sinn se besser draa als wie mir. Isch gönns ene.

Mei Fraa un isch schbresche viel mit unsere Hunde. Gut, mir wisse, dass die Bijou net andworde kann, trotzdem fraache mer: „Ei wie gehts dann heut unserer Bijou? Hasde gut geschlafe? Hasde was Scheenes geträumt?" So Sache.

Schbraachlisch bleibt so was en Monnolooch. Isch hab awwer den Eindruck, dass die Babbelei dem Hundsche gut duht. Sie mäggt, dass mer sisch fer sie inderessiert un freut sisch. Sie kann des aach zeische. Net mit Worde, awwer zum Beischbiel middem Schwanz.

Mer kann sisch ja aach uff den Schdandpunkt schdelle, dass die Hunde dorschaus ihr eischen Schbraach hawwe: Sie gauze ja, knorrn, schdöhne, fiepe, jaule, heule, winsele. Des is e Schbraach fer sisch, die isch gern lerne deht.

Mei Fraa säscht, des Schdöhne un Knorrn deht isch schonn ganz gut behäsche.

Hierarschiefraache

Aans muss hier aach emaa deudlisch gesacht wern. En Hund verännert die Familljeschdrukdur. Isch erklärs Ihne.

Nemme mer emaa des Beischbiel von erer Famillje, wo die Kinner inzwische allminanner ausem Haus sinn. Die Fraa un de Mann sinn jetz allaa. Mit de Kinner in mehr odder wenischer weider Ferne fiehle se sisch e bissi väeinsamt.

Eine väschdändlische Enscheidung: Sie schaffe sich en Hund aa.

Was bassiert jetz? Bis vor dem Hund hawwe Mann un Fraa im Idealfall in erer Art ehelischem Gleischgewischt gelebt. Kaaner hat die Owwerhoheit iwwer den odder die annere gehabt. Jetz is uff aamaa da en Hund. Wer füddert meisdens de Hund? Wer gibt em die meisde Leggerli? Wer die meisde Schdreicheleinheide?

Nemme mer emaa aa, es is die Fraa. Logisch, dass die Fraa dademit in dere Vorschdellungswelt von dem Hund zum Alfatier werd. Un ihrn Ehemann zum Betatier.

Sie, des hat Folsche.

Die Fraa, un des kann kaaner ihr vorwäffe, schbürt ihr Iwwerleescheheit in Hundeaageleescheheide. Väschdänd-

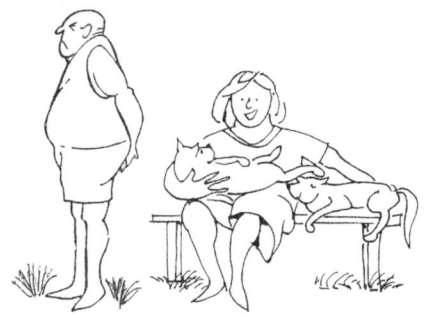

lisch, dasse die Iwwerleescheheit uff annere Gebiede ausdehne will. Hund un Fraa awweide da gut zusamme. Un de Mann gerät midde Zeit ins Hinnerdreffe. Beinah zwangsläufisch.

Was kammer als Mann dadegeesche mache?

Gut, mer kann uff Konfrondationskurs geh. Des Gassiführn an sisch reiße, die Füdderung. Mehr Leggerlis zuschdegge als wie die Fraa.

Des Brobblem is folschendes. Mer verbessert sei Verhäldnis zum Hund un verschleschdert eim seins zu der elschne Fraa.

Dilemma.

Isch kann Ihne kaa Leesung aabiede. Ausser:

a) kaan Hund aaschaffe, wenn die Kinner ausem Haus sinn.
b) en Hundebsyscholooche konsuldiern. Es gibt ere dadevoo wie Sand am Meer.

Tabuthema

Hundekacke, Enschuldischung, is e Thema fer sisch.

Awwer es muss aageschbroche wern.

Es gibt Länder, wo des Gekackde von Tiern vordeilhaft neu verwend werd. Beischbielsweis in Afrika fer Hausbau un in Südamerika fer de Exbord von Guano, Voochelschitt, falls Sies net wisse.

Hiererum, bei uns, hat mer noch kaa sinnvoll Weiderverwendung von Hundekacke gefunne. Frieher war des annersder. Da hat mer Hundekacke zum Gerbe von Ledder gebraucht. Awwer de Fordschritt is iwwer de Einsatz von Hundekot ewegg gegange.

Eh de Wisseschaftler ebbes Neues eifällt in Rischdung Rieseigling, da misse mer halt die Hundehinnerlasseschafde in Düttscher eisammele un in die Papierkörb newer de Parkbänk schmeiße.

Uff lange Sischt is des awwer kaa Lösung. Denn wenn mer sisch uff so erer Parkbank ausruhe will, maach mer net unbedingt den Geschdank, denn so ganz discht sinn die Düttscher ja net. Da is mer ganz schee beschisse draa.

Bidde mehr Reschpekt fer de Hund

Jetz fraach isch Sie emaa: Wie finne Sie des eischendlisch, dass mir so e geschbaldenes Vähäldnis zum Hund habbe?

Uff de aane Seit isser unsern treue Begleider, en Helfer beim Jaache, en Bewacher von unsere Schafherde un unsere Eischentumswohnunge.

Uff de annere Seit zeischt unser Schbraach in zisch Wörder, was mir vom Hund halde: hundsgemein, hundsmiserabel, Hundefraß, Hundelebe, Hundelohn, Hundsfott.

„Von der Parteien Gunst und Hass verwirrt, schwankt sein Charakterbild in der Geschichte." So, odder so ehnlich, hat des de Geede emaa gesacht, odder de Schiller. Isch waaß net mehr, von wem. Jedenfalls net vom Hund. Awwer des Ziddad basst aach gut uff de Hund.

Alle Nas lang werd jemand als Misthund, Schweinehund odder sogaa als Sauhund bezeischnet. Des geheert sisch eifach net.

Isch saach Ihne aans: Die Disskrimminierung vom Hund muss uffheern. De Hund geheert aggsebdiert so wie er is. Un gelobt. In en possidiefe Zusammehang mit uns Mensche gebracht.

Dadefer e schee Beischbiel.

Isch hab emaa e sehr possidiefes bairisches Urdeil iwwer de väschdorbene Franz Josef Strauß geheert, odder gelese: en Hund isser schonn gewese.

Im Freischdaat Bayern is des so ebbes wie e Heilischschbreschung.

Gemeinsamkeide

Je mehr mer iwwer Hunde nachdengt, desdo mehr Ähnlischkeide endeggt mer zwische dene un uns.

Villeischt is Ihne aach schonn uffgefalle, dass Hunde genauso als wie mir in zwei mehr odder wenischer große Grubbe zerfalle.

Bei uns Mensche gibt's uff de aane Seit die, wo uff erer relladief hohe ziwwillisadorische Schdufe schdehe. Uff de

annere Seit schdoße Forscher in abgeleeschene Weltgeeschende, in dene sisch Fuchs un Has gude Nacht saache, uff Iwwerbleibsel vom Neandertaler. Beischbielsweis in de Urwälder vom Ammazonas odder Pabbuaneuginnea. Die ausdralische Abborieschinees sinn schonn e bissi iwwer de Neandertaler enaus. Hauptsäschlich dorsch Beriehrung mit dene ziwwillisierde Schdräflinge, wo Ausdralje besiedelt hawwe.

Die Hunde zerfalle aach in zwei Grubbe. In der aane sammele sisch die dommesdizierde, also diejenische, wo de Mensch schonn friehzeidisch umerzooche hat. Die sinn ja inzwische bei uns voll indegriert. Die anner Grubb, des sinn die Wildhunde. Beischbielsweis Kojote un Dingos.

Isch muss zugewwe, isch waaß net, ob Mensche emaa prowwiert habbe, so Wilde zu dommesdiziern. Wenn ja, is dadraus nix worn. Die hawwe ihrn eischne Kopp un mit Indegrazion nix am Hut.

Dadebei liesche se iwwrischens voll im Trend. Iwwerall is von Aadeschutz die Redd. Kaaner derf die Nilgäns dootschieße, die unser Parkaalaache vollkagge.

Neuerdings komme sogaa wilde Wölf nach Hesse zurick. Des hängt de Schafe un ihre Hirte zum Hals naus. Die misse noch Unnerischt in Willkommenskuldur nemme.

10 Fraache rund um de Hund

1 Warum scharrn Hunde oft nach em Häufsche- un Pipimache?

2 Derf mer eim sein Hund selwer eigrawe, un wo?

3 „Der mit dem Wolf heult", was is des?

4 Gibt's in de Grimms ihrm Märche „Die Bremer Stadtmusikanten" en Hund?

5 Wenn mir Mensche gähne, was mache da viele Hunde?

6 Wisse Sie, was en „perro gordo" is?

7 Wisse Sie, was unsern Schdaat jed Jah an Hundeschdeuer einnimmt?

8 Bidde drei namendlisch bekannde Hunde aus de Weltlidderadur.

9 Vielleischt die bekanndeste Hundekrankheit?

10 Derf mer sein Hund uff Urlaub nach England mitnemme?

Meiner Ansicht nach rischdisch

1 Weil so des Pafföng von de Hinnerlasseschafte weiderverbreidet werd.

2 Im eischne Gadde, unner Beachdung von zisch Vorschrifde.

3 En ameriganische Film.

4 Jawoll.

5 Die gähne aach.

6 En digge Hund, uff Schbanisch. Un de Haupdgewinn in dene ihrm Loddo.

7 En Haufe.

8 Garm (Edda), Argos (Odyssee), Bauschan (Thomas Mann).

9 Staupe.

10 Nur vielfach geimpft un middem Haufe von Babbiern.

De Hund als solscher

Uff vier Baa laafe se allminanner. Bei de Zäh isses wie bei uns: erst Milchzäh, schbäder Dauerbeisserscher. Im Geeschesatz zu uns sinn die Zäh net nur zum Fresse da. Weil Hunde net iwwer Kanone un Schießgewehrn verfüsche, da misse se halt ihr Zäh aach fer Aagriff un Verteidischung eisetze.

Hawwe Sie gewusst, dass Hunde net kaue? Große Brogge reiße die mit ihre Zäh bloß ausenanner un schlugge die Schdigger eifach enunner. Es nutzt gaanix, wenn Sie Ihrm Hund zuredde, er soll doch bidde net so gierisch iwwer sei Middaachesse herfalle un alles uff aan Schlaach verbuddse. Hunde kaue net, die sinn halt so broggramiert.

Ei Ausnahm gibt's natürlich, sescht mer mei Fraa. Unser Airedaleterrierhündin Bijou. Die krischt immer von meiner Fraa, wenn se Äbbel isst, klaane Stückscher ab. Die verdrääscht awwer ihrm Maache net so gut, wenn se se eifach enunnerschluckt. Wisse Sie, was mei Fraa da gemacht hat? Die hat selwer laud un deudlich uff ihre eischene Appelschdiggscher rumgekaut un zu der Bijou immer widder eidringlich gesacht: „kau", „kau". Sie werns net glaube – unser Bijou hat ihr des Kaue uff aamaa nachgemacht un kaut seitdem ihr Abbelschdiggscher um die Wett mit meiner Fraa.

Awwer alles annere könne mer net ännern. Da misse mer uns raushalde. Es is halt mansche Hundeaagewohnheit

fer uns gewehnungsbedürfdisch: Bellkonzerde, Ladderne-
pinkele, Sessel aanaache, wenn see noch klaa sinn, un vor
de Briefkaste kagge.

Awwer de Hund hat ja aach annererseits ganz viele simm-
badische Seite. Er is gesellisch. Er is net dumm.

Grad desweesche hawwe Mensch un Hund schonn ganz
frieh zusammegefunne. Mer brauch sisch nur emaa die
aale Heehlemalereie aazugugge. Da sieht mer, wie unser
Urahne, beischbielsweis die Neandertaler, mit ihre Köter
uff die Jacht gegange sinn.

Die Neandertaler waan aach sischer die erste Hundetrai-
ner. Wer sonst soll de Hunde des damals erstmaalisch bei-
gebracht habbe, wie mer Wild jaacht odder uffstöwert
und eim beitreibt odder meld, wo's im Gebüsch lischt, wie
mer Schafe un Ziesche hüte duht un die Wölf verjaacht un
wie mer alle Aade von Eindringlinge meld un am Gnick
packt, bis mer ene erlaubt, se loszulasse.

Radde un Mäus hawwe se nadierlisch aach vertilscht, unn
aus wars mit derer Plaach.

Ganz genau waaß mers
nadierlisch net. Mer war
ja net debei.

De Hunding

Zum Thema „Beriehmde Leut un de Hund" bin isch beim Richard Wagner net direkt uff de Hund gekomme, awwer indirekt e bissi schonn.

Sie kenne em Richard Wagner sei Oper „Walküre". Sie wisse, wies da am Aafang blitzt un donnert. Un dass in de Mitt von de Bühn en mords Baam schdeht, in dem ebbes schdeggt, was mer erst nachher so rischdisch sieht: e Schwert.

E bissi schbäder kimmt unner drammadische mussigalische Unnermalunge en ausgemerschelde Mann uff die Bühn: de Sieschmund. So e Aad Flüschdling uff Asylsuche.

Un dann erscheint die Sieschlinde. Sofort emfindet die Fraa Simmbaddie fer de Sieschmund. Schbäder werd mer erfahn, warum. Aarüschische Sache. Wie so oft in de Weltgeschischt.

Jedenfalls gibt se dem Sieschmund ebbes zu esse. Un zu trinke, Germanische Met, was so e Aad von daamaalischem Löwebräubier gewese sei muss.

Des alles mit eischmeischelnder Mussikbegleidung. Vom Richard Wagner.

Un dann kimmt de Hunding. En Brogge von em Mann, xbeinisch, en Mordsmetbauch vor sisch hertraachend, im

Gesicht en alles iwwerwuchernde Zoddelbart. De Hunding deht den Asyland am liebste gleich abmurkse, awwer dadegeesche schdräubt sisch sein germanische Gastfreundschaftsfimmel. Heut nennt mer des, glaab isch, Willkommenskuldur.

Sie wisse, wie die Geschischt weidergeht. Im Tausendjährische Reisch hat mer des Blutschande genennt un is dadefer hinner Gidder gekomme. So Sache hawwe de Thomas Mann immer e bissi gereizt, un er hat dadraus e hällische Geschischt gemacht: Wälsungenblut.

Die hat mit unserm Hundethema eischendlisch nix zu duh, außerm Hunding. Des is e bissi wenisch, wern Se saache. Isch saach Ihne awwer aans: Schreibe Sie emaa e Hundebuch von hunnertfuffzisch Seite, iwwer nix wie Hundeviescher. Da schdoße Se frieher odder schbäder an Grenze.

Mer kimmt da ganz audomadisch uff Abschweifunge wo eim e paa zusetzlische Seite fülle. Isch wer dadefer heffdisch kriddisiert, besonners von meine Dochder. „Babba, schweif doch net aadauernd vom Thema ab! Da kimmste vom Hund uff de Wagner, vom Wagner uff de Thomas Mann, vom Mann uffs Tausendjährische Reisch – muss des sei?"

Musses net. Awwer es mäscht des Buch digger.

Berufstädische Hunde

In de alde Zeide hats fer Hunde nur ganz wenische Jobs gegewwe, un zwar im wesendlische als Jachthund, Hietehund un Schoßhund.

Heutzudaach hawwe tallendierde Hunde enorme Uffschdieschsmööschlischkeide.

Die best Kart wo en Hund beruflich ausschbiele kann is sei Schnüffeltalent. Des hat em ganz neue, teilweis sensazionelle Tädischkeidsfelder erschlosse. Isch gebb Ihne e paa Beischbiele.

Als Hausbesitzer krieht mer die Panik, wenn sisch de Schimmelpilz ausbreide duht. Der kann Häuser reiheweis ruiniern. Da is en schimmelpilzschnüffelnde Vierbeiner Gold wert.

Schlimmer als wie de Schimmel sinn die Termite. Wenn die sisch erst emaa wo eigenist hawwe, dann gude Nacht. Da is en Termiteschnüffler en Goddesseesche.

Neuerdings sinn ja aach unser Biene bedrohd un schderbe als emaa wie die Fliesche. Jetz gibts awwer unner de Hunde Schbezialiste, wo die Bieneseusch Varroatose, odder so ähnlisch, schonn im Aafangsschdadium erschnüffele. Da könne die Biene uffatme.

Isch fraach Sie: Was wär unser Bollizei ohne Suchhunde? Die Schbusi wär da völlisch uffgeschmisse. Die Schburnsischerung.

Mer glaabst net, fer was solsche Fachhunde all e Nas hawwe. Beischbielsweis Brandbeschleunischer. Dadevoo is ja widder maa im Fännseh die Redd. Wenn raddikale Reschte Assilandeheime abfaggele wolle, was ja mit deutscher Willkommenskuldur net zusammebasst. Gut, dass die Hunde da e bissi geescheschdeuern.

Fachhunde sinn ja neuerdings aach Meister in de Frieherkennung von Krebs. Brustkrebs unn Prosdadakrebs. Da schdaunt der Laie, un selbst de Fachmann wunnert sisch.

Des Kabiddel iwwer berufstädische Hunde derf net abgeschlosse wern ohne e Verneischung vor dene Hunde, wo in ehemalische Kriesschsgebiete nach Landmine suche. Oft unner Eisatz von ihrm Lebe.

Dene Hunde geheert e Denkmal gesetzt.

De Grund fer en Hund

Warum halde sisch bei uns so viele Leut Hunde?

Die Fraach kann mer sisch schonn emaa schdelle. Gut, bei Famillje mit klaane Kinner is die Andword klar: Da gibbds Bubscher odder Mädscher, die wünsche sisch nix mehr als wie en Hund, des kennt mer. Un wenn bei de Eldern kaan schwerwieschende Eiwand geesche Hunde beschdeht, isch nenn nur Hundeallergie, dann werd erschendwann e Hundsche aageschafft.

Dademit könnt mer sisch hunnerdbrozzendisch iddendifizziern, wenn, ja wenn net viele von dene klaane Hundscher sehr bald im Tierheim lande dehte, schbädesdens vorm nächsde Familljeurlaub, nach Egibbde odder de Seischelle.

Bei kinnerlose Ehepaare lischt die Sach annersder. Kann ja sei, dass en klaane Hund en Ersatz fer e eischnes Kindsche is. Isch waaß es net, awwer isch könnts dorschaus verschdehe.

Wenn unser Hundscher wisste, fer was se all herhalde misse! Sie wisses net. In dene ihrm Hernkaste is dadefer kaa Fach vorgeseh.

Schdattdesse hawwese uns eifach in ihr Häzz geschlosse. Un fahn dademit ganz gut. Unnerkunftsmäßisch, verfleeschungsmäßlsch, un iwwerhaupt.

Wenn Paddnerschafde iwwerall so gut fungsjonniern dehte, da könnte mer uns gradduliern.

De Birrohund

Die Zeidung mit dem kluuche Kopp dehinner versorscht ihr Leserschaft ja schbädesdens alle drei Daach mit hochindressande Addiggel fer Hundeliebhawwer.

Im Fall Sie den Beidraach iwwer Birrohunde in „Beruf un Chance" net gelese hawwe sollde, da geb isch Ihne hier e klaa Zusammefassung.

Es gibt, wen wunnerts, als mehr Leut wo ihrn Hund zu ihrm Awweidsblatz midnemme wolle. Oft de Not gehorschend, nischt dem eischnen Triebe, wie de Schiller maa geschriwwe hat, odder de Geede.

Seit unser Fraue selwer mehrheidlisch im Berufslebe schdehe, mir Männer sowwiso, da will mer ja des liebe Hundeviesch net de ganze Daach aallaans dehaam lasse, in Einzelhaft sozusaache.

Kaa Wunner, dass da der Wunsch wach wird, eim sein Hund mitzunemme ins Birro odder sonstwohie wo mer abbeit.

Des schdeeßt uff Widderschdänd, aach kaa Wunner. Net bei em Chef, wo sein eischne Hund mit ins Birro nimmt, des net, awwer bei Leut wo halt mit Hunde nix am Hut hawwe. Die könne eim schon en Schdrisch dorsch die Reschnung mache, wenn eim sein Hund brinsibiell annere

Leut aabellt. Beißt er se meeschlischerweis ins Baa? Pingelt er womeeschlisch an eim sein Schreibtischsessel? Mäscht er dadorsch wischdische Kunde abschbensdisch?

So Fraache wolle gut iwwerleescht sei, bevor mer sein Hund ins Birro mitnimmt. Odder dahie, wo mer awweit, innerer Fabrik, in erer Kita, uffem Schbortblatz bei de Eindracht, was waaß isch.

Nur noch emaa zum Mitschreiwe:
Is mer als Hundemitnahmewillischer im Aageschdellldeverhäldnis, dann brauch mer die ausdrügglische Genehmischung von eim seim Awweidgeber. In em greeßere Betrieb muss sogaa de Beriebsrad zuschdimme. Des klabbt dann, wenn sisch kaaner dorsch Ihrn Hund beläsdischt fiehlt odder „die Betriebsabläufe beeindrächtigt", wies so schee in dene offizielle Beschdimmunge geschriwwe schdeht.

Schleschde Kadde hat mer als Hundemitbringerkandidat allerdings aach, wenn Ihne Ihrn Hund schdingt, annere Leut Angst mäscht odder sei Haan Allergie erzeusche.

Isch selwer persönlisch awweit jetz nur dehaam am Schreibdisch. Da hab isch mit meine Hunde kaa Brobblem.

Friehkindlische Hundeerfahrung

Warum is mei Vähäldnis zu Hunde freundlisch, awwer net so innisch wie des von meiner Fraa un meiner Tochder?

Dadriwwer kann mer ja maa nachdenke. Ob Männer da iwwerhaupt annersder tigge wie Fraue? Mööschlisch isses. Muss awwer net sei.

Bei so Fraache gehn die Bsischolooche ja immer erst emaa in die Kindheit zurick. Da könnt mer bei mir taadsäschlisch fündisch wern.

Mei Eldern, längst verschdorbe, hadde in Fechenheim bei Frankfort e Freundin. Fer misch war des die Tande Marion. Die hat mit ihre Tochder Gisela bei ihre Eldern gewohnt. Was mit dem Vadder von de Gisela bassiert is, isch waaßes net, odder habs vergesse. Aans waaß isch awwer genau. Isch war in die Gisela verliebt. Wie mer mit sechs, siwwe Jahn verliebt is, ja des war isch.

Isch dorft die Tande Marion un die Gisela oft besuche. Aach ohne mei Eldern. Sie, des war fer misch so ebbes wie em Odysseus sei Dorschfahrt zwische de Skilla un de Karibik, odder wie die Felse geheiße hawwe, wos de Odysseus un sei Männer um ei Haar verwischt hätt.

Newe der Eigangsdiehr von de Tande Marion war e Hundehütt mit erem schreggenerreeschende, forschteiflö-

73

ßende Hund drin. Sie, allei wenn isch misch bibbernd vor Angst der Eigangsdier genähert hab, da hat der aagefange, wie irrsinnisch an seiner Kett zu zerre un zu belle, dass net viel gefehlt hätt, un die Mauern wärn eigeschderzt.

Zwische dere Schell, uff die isch drigge musst, damit die Tande Marion mir uffgemacht hat, un dem ensetzlische Hund an de Kett warn villeischt zwaa, drei Zendimeder Abschdand.

Da musst isch zwische Schiller un Karibdis, odder wie die aale Felse heiße, vorbei. In Gedanke halb dootgebisse von dem grauehafte Sauhund.

Da könne Sie jetz villeischt verschdehe, warum mei Vähäldnis zu Hunde net ganz so innisch is wie des von meiner Fraa un meiner Dochder zu unsere vierbeinische Familljemidglieder.

Pawlow

Erschdaunlisch is ja immer widder, wieviele Erkenndnisse mir Zweibeiner unsere Vierbeiner zu verdange hawwe.

Im Fall Sie die Geschischt vom Pawlow seine Hunde vergesse hawwe sollte, wääm isch se Ihne gern noch emaa uff.

Es geht dadebei um ebbes, was die Wisseschaft „Konditionierung" nennt. Isch erklärs Ihne:

De Iwan Petrowitsch Pawlow, en russische Forscher, hat emaa en Nobelpreis gekriet, weil er dorsch Eggsberimende en Zusammehang von Sabbern, also Schbeischelfluss, un Verdauung rausgefunne hat. Ihm is uffgefalle, dass Hunde schonn sabbern, wenn se die Schritt von ihre Herr-

scher odder Frauscher hörn, un des bevor noch irschendwelsches Fudder in Sischt is. So schdeht des im Indernet. Isch hätt da erwatt, dass des Indernet aach gesacht hätt, des Fudder wär aach so weit weg gewese, dass die Hunde des net erschnüffele konnte.

Egal. De Pawlow jedenfalls hat damals vermuded, dass die Hunde des Geräusch von dene Schritt als Aakündischung von de Füdderung verschdanne hawwe. Schriddgeräusch = Füdderung.

1905 hat de Pawlow dann sei Glogge ins Schbiel gebracht. Er hat erst Fudder aagebode un die Hunde hawwe gesabbert. Dann hadder e Glock geläut. Dadebei hawwe die Hunde net gesabbert.

Dann hadder die Glogg immer widder geläut, wenns Fresse gegewwe hat.

Sie ahne schonn, was dann bassiert is. Die Hunde hawwe aagefange zu sabbern, wenn die Glogge geläut hawwe. Aach wenns dadenach gaakaa Fresse gegewwe hat.

Als Hundeliebhawwer kann mer da nur de Kopp schüddele. Die Hunde so hinners Lischt zu fiehrn!

Awwer, es hat die Wisseschaft e Schdiggsche weidergebracht.

Seit em Pawlow seine Endeggung hat die „Konditionierung" viele seeschensreische Auswirgunge gehabt.

Isch hab iwwrischens des Fennomen schonn am eischne Leib beobacht. Isch bin beim Eikaafe in de Frankforder Klaamakthall un seh beim Gemieshändler e Schdräusje Schniddlauch. Sie, schonn fang isch aa zu sabbern! Warum? Weil isch sofort an die Grie Soß denke duh, dies villeischt morsche zum Middaachesse gibt.

En blinde Passaschier

Uffgebasst, hier kimmt mei schönnst Hundegeschischtsche.

Lang, lang isses her, da war isch de Chef von erer wischdische Abteilung bei de Firma L. in Frankfort. Die hat Industrieaalaache in de ganze Welt gebaut. Da hat mer en Haufe fremde Schbraache hinne un vorne gebraucht. Dadefer war isch mit meim Schbraachedienst zuschdännisch. Der konnt sisch sehe lasse. Iwwer fuffzisch Midawweider(inne) un zeh verschiedene Fremdschbraache. Die reinst Schbraachfabrik.

Englisch war am meisde gefraacht. Iwwersetzer(inne) fer Englisch hadde mer genuch, awwer der ganze englische Kram musst ja aach geschriwwe wern. Zu dere Zeit hats noch kaa Kombjuder gegewwe. Die Iwwersetzer hawwe ihr Texte damals schbraachkundische „Schreibdame" diktiert.

In Frankfort warn Fraue, wo gut Englisch konnte, Schdeggnadele im Heuhaufe. Der Mackt war praggdisch leergefeescht. Schuld dadraa waan haubdsäschlisch unser daamaalische Besatzer, die Amis.

Isch hab mer damals gesacht: Jetz suchst de halt Segredärinne in England.

Ob Sies glaawe odder net, mei Inserade in Londoner Zeidunge hawwe en Haufe Bewääbunge uff mein Frankforder Schreibdisch geschwemmt.

Mit meiner Fraa bin isch dann nach London, damals noch erst per Schiff iwwer Calais nach Dover, un hab die Bewääberinne geprüft.

Dadebei hawwe mer aamal personalmeesisch de Jackpott geknaggt: Priscilla Adams. Sie, eine kombedendere Fremdschbraachesegredärin konnt mer sisch eifach net vorschdelle, zwanzisch, dreissisch Seite Englisch uff de Schreibmaschin runnergerasselt wie nix! Un dadebei des net immer ganz perfekde Englisch von de deutsche Iwwersetzer ins schönnste mudderschbraachlische Englisch verbessert! Die Priscilla war einmaalisch.

Eines Daachs hat se sisch in en Besatzungsami verguggt, der wo in Frankford schdazioniert gewese is. Die zwaa hawwe geheirat un in de Amisiedlung am Rand vom Frankforder Dischderverdel gewohnt. Middem Daggelhund namens Lucky.

Die Priscilla hat damals des Familljelewe dem Berufslewe vorgezooche un gekündischt.

Des war en Schlaach ins Kondor fer mein Schbraachedienst un die Ferma. Isch hab ihr damals hoch un heilisch verschbroche, mir dehde sie jederzeit widder angaschiern, wenn se, egal warum, bei uns widder midmache wolle deht.

Was soll isch Ihne saache? Es hat net lang gedauert un de Priscilla ihrn Mann is von de Army uff aan Auslandseisatz nachem annern geschickt worn. Als Schbrengschdoffendschäffungsexperde. Ohne die Mööschlischkeit, sei Fraa mitzunemme.

Da is die Priscilla mit ihrm Lucky zu mir gekomme un hat misch an mei Verschbresche erinnert. Sie könnt awwer nur middem Lucky zusamme bei uns awweide.

Hausdiern warn in meine Ferma schdreng verbode. Es hat aa aanzisch Ausnahm gegewwe: die Seggredärin von em Direkter, die en Babbegei in ihrm Birro halde dorft. Warum? Isch waaßes net. Allerdings hat se 1945 als Flüschtling aus Ostpreuße schlimme Sache erlebt, un ihrn aane Aam war dorsch Verbrennunge bees zugerischt. Villeischt desweesche die Ausnahm.

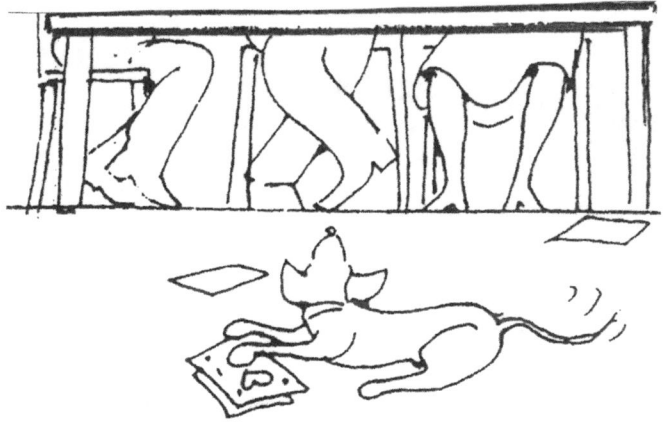

Mein Schbraachedienst war in dere Zeit e Schdick weit weg von de Zentral ausgelaachert, weil die Ferma aus alle Nähde gebladdst is.

Isch hab damals wild endschlosse die Kolleesche zusammegerufe un die Sach erklärt: Mir hawwe ab sofort en Daggel namens Lucky als neue Midawweider. Des is awwer Schdaadsgeheimnis, sonst derf die Priscilla net bei uns schaffe.

Mir hawwe damals allminanner discht gehalde un sowohl die zugewanderde Engländerin Priscilla wie aach ihrn ameriganische Lucky voll bei uns indegriert.

Warum sinn mir uff de Hund gekomme?

Sie, es is villeischt net ganz abweeschisch, wenn mer emaa iwwerleescht, warum mir Mensche so e ganz schbezielles Vähäldnis zu Hunde hawwe.

Gut, es gibt viele unner uns Mensche wo sisch hiegezooche fiehle zu Vööschel. Zu Ferde, Fisch, Schmedderlinge, Dinosaurier. Neulisch hawwese in Hesse endeggt, dass en Mann zisch Schlange, aach giffdische, bei sisch dehaam gehalde hat. Annere halde sisch Kroggodile, was soll mer da saache?

Wies aussieht, hawwe awwer die Hunde bei uns de Voochel abgeschosse. Wodraa lischt des? Woher kimmt des?

Offesischdlisch schdeht uns Mensche de Hund irschendwie näher als wie Kroggodile, Klabberschlange odder Aasgeier.

Aach die Hunde ziehts erschendwie mehr zu uns als wie zu Pinguine, Giraffe odder Eisbärn. Net nur weesche Leggerlis un Schdreischeleinheide.

Irschendwo un irschendwie musses da so ebbes wie verwandschafdlische Worzele gewwe. Maan isch jedenfalls. Klar, es gibt da aach den Nachahmungstrieb. Mer schafft sisch en Hund aa, weil annere des aach masseweis mache.

So fängts aa. Jetz hat mer en Hund. Mer gewehnt sisch anenanner. Mer endeggt Gemeinsamkeide. Der Hund is aahänglisch. Des duht eim gut. Er mäscht Sache, wo erschendwie aussehe, als deht er uns möösche. Vielleischt sogaa liebe.

Im Hundeparadies

Es gibt Länder, in dene es de Mensche dreggisch geht, sehr dreggisch. Es Fännseh zeischts uns taachtääschlich. Un wos de Mensche dreggisch geht, da geht's de Hunde oft noch dreggischer.

Viele Mensche wo in so Länder vescheddiern – lewe kann mer des ja net nenne – mache sisch uff de Weesch in Länder wos de Mensche gut geht. Odder jedenfalls wenischer dreggisch. Aach des wisse mer ausem Fännseh. Un mir mägges, wenn mer dorsch unser Schdadtverdel laafe. Viele Leut wo mer net kennt, mit Schbraache wo mer net väschdeht. Un Tornhalle wo net mehr getornt werd un wo fremde Leut uff Feldbedde schlafe un uff die Genehmischung von ihrm Asylaadraach wadde.

Hunde könne kaa Asyl beaadraache. Dene geht's nach wie vor dreggisch in de Slums un Favelas un wie de Welt ihr Elendsverdel all heiße.

Wenns fer Hunde Asylmöschlischkeide gewwe deht, wisse Sie, wohie die sisch masseweis uff de Weesch mache dehde?

Net nach Indie, Schina, Russland. Net emaa nach Deutschland, jedenfalls net vorwieschend.

Naa. Nach Ameriga.

Die USA sinn DAS Hundeparadies.

Dadriwwer hat misch die Zeidung mit dem kluuche Kopp dehinner uffgekleert.

Wisse Sie, was dogwalking is? Isch saachs Ihne. In Ameriga gibt's en Haufe junge Leut mit viel Gribs im Kopp. Un mit Hunde. Die schaffe wie die Verriggde un verdiene en Haufe Geld. Hawwe awwer kaa Zeit fer ihr Hundscher. Also angaschiern se sisch en dogwalker, der wo die Viescher ausgiebisch schbazziern fiehrt.

Sie, des dogwalking hat sisch beide Amis zu em eidrääschliche Geschäftszweisch endwiggelt. Die DINKS (double income, no kids) mache dadefer 18 Dollar pro

Schdund logger. Fer die gibt's aach Hundekrippe. Kostepunkt: 40 Dollar pro Taach. De Amis ihr Hundeliebe hat dene ihrn Dienstleistungsseggdor enorm ausgeweidet. Mer glaabts net: es gibt Hebamme fer schwangere Hundedame, Trainer fer Junghundscher, Bäggereie ausschließlisch fer cup-cakes un annere Hundekuche, die Zudade selbverschdändlisch aus bioloochischem Aabau.

Zu dem bliehende Hundedienstleisdungsgewääbe geheern aach Friseurn, Masseurn, Naachelfleescher, Hundebierbrauer, Hunde-Facebook-Fachleut.

In aam Monat im Jah derf mer sei Hunde mit in die Kersch nemme, wo se im Gedenke an Franz von Assisi geseeschent wern.

Guggt mer sisch die Zahle aa, da falle eim die Ohrn ab. In väzzisch Brozent von de ameriganische Haushalde lebt minnsdens aan Hund. Des reschent sisch hoch zu sibbzisch Milljone Hunde. Wow!

Bei uns kimmt mer dadegeesche uff acht Milljone. Des hätt isch aach net gewusst. Sie villeischt?

Die Amis gebbe fünfmaa so viel Geld fer ihr dogs aus als wie mir. Sogaa nach der Lehman-Pleide is die Zahl von de Hunde in Ameriga um zägga zeh Milljone geschdiesche. Wow!

Wie die Amis ihre Hunde gescheiwwer fiehle, des hat de Wirwelschdurm Katrina im Jah 2005 gezeischt. Da hawwe sisch zahlreiche Leut geweischert, sisch ohne ihr tierische Mitgeschöbfe redde zu lasse.

Dadenach, kaan Witz!, is e Gesetz erlasse worn, des die Behörde verflischdet, bei Nadurkaddasdrofe aach Ewwagguierunge fer Haustiern zu organnisiern.

Des war net immer so in Ameriga. Wenn mer sisch die letzte fuffzisch Jah aaguggt, dann hat der Weesch der Endwigglung de Hund von de Hundehütt erst in de Hausflur, dann von dort ins Wohnzimmer un von da ins Schlafzimmer gefiehrt. Oft sogaa ins Bett von Frausche odder Herrsche.

Mer lernt nie aus

Geht Ihne des aach so? Manschmaa denk isch, isch deht mir selwer en Gefalle, wenn isch net mehr in die Zeidung gugge deht. Kriesch im Nahe Oste, Aaschlääsch von Terrorisde, en Hurrikan am aane End von de Welt, en Sunami am annern. Des is halt die Globbalisierung. Mer kriehgt alles mit, aach wenns am hinnersde End von de Welt bassiert.

Un dann guggt mer doch widder enei. In meim Fall in die Zeidung mit dem kluuche Kopp dehinner. Un mer endeggt immer widder maa ebbes des aan mäschdisch indressiert. Neulisch blädder isch misch dorsch die FAZ dorsch un bleib im Lokaldeil annem Addiggel iwwer Frankforder Friedhöf hänge. „Parks des Friedens".

Da war die Redd von beriemde Leut wo hier beerdischt sinn. Leut wie die Brentanos, die Merians, de Schopenhauer, em Geede sein Vadder un sei Mudder, die Fraa Aja. Un dann, halde se sisch fest, is uff aamaa die Redd von em

89

große Frankforder Goddesagger, mit iwwer 1000 Grabschdaa fer unser tierische Midgeschöbfe, dadrunner viele, viele Hunde. Bei Rödelheim. Wow!

Die meisde Grabinschrifde zeusche von de Frauscher un Herrscher ihrm Schmäzz iwwer de Verlust von ihre Lieblinge. Es gibt awwer dorschaus aach humorisdische Schbrüsch, leider net uff Hessisch. „Das Glück dieser Welt hat Flöhe und bellt."

Iwwrischens: Hawwe Sie gewusst, dasses in Paris aach en riesische „Cimetière des Chiens", en Hundefriedhof gibt? Seit 1899. Der wimmelt von Schdandbilder un is denkmalgeschitzt. Un geheert zu de Turisdeaddraggsdjone von Paris.

Mer lernt nie aus.

In memoriam Wilhelm Busch

Wie mir Mensche uff de Hund gekomme sinn, des hab isch Ihne ja schonn verkliggert.

Wie isch uffs Schreiwe von Gedischtscher gekomme bin, des saach isch Ihne jetzt. Dorsch de Wilhelm Busch un sei lustische Bildergeschischtscher.

Isch war noch net trogge hinner de Ohrn, da hawwe die Mamma un die Omma mir schonn die Geschischtscher vom Max un Moritz, de Witwe Bolte, em Schneider Böck un em Lehrer Lämpel vorgelese.

De Wilhelm Busch hat misch mei ganz Lewe lang begleit un oft zu eischne Versjer aagereescht. Desweesche kriet er jetz hier e klaa Denkmälsche gesetzt in Geschdalt von einer von seine zahlreische Hundegeschischtscher. Die hab isch Ihne ins Hessische iwwersetzt.

Was de Wilhelm Busch geschriwwe hat, des is in unzehlische Schbraache un Mundaade iwwersetzt worn, de Max un Moritz sogaa ins Ladeinische!

Diese riesische Bibbliodeek wer isch jetz mit „De Worschtdieb" um e paa Millimeder vergreeßern. Viel Schbass!

Der Wurstdieb
De Worschtdieb

Hier hängt die Worscht – dort an de Mauer
schdeht Louis heimlisch uff de Lauer.

De Schreck fährt Louis in die Knie,
er fiehlt de Graps am Jäcksche zieh.

Un schon bemäggt mer sei Beschdrebe,
sisch so e Worscht da rauszuhebe.

Hier guggese sisch ins Gesicht,
de aane froh, de annern nischt.

Jetz hadderse un schleischt sisch fort;
des Hundsche Graps wird wach un knorrt.

De Graps, der trääscht mit zwaa,
drei Schritt die Worscht enei in seine Hitt

Die Worscht riescht gut, de Graps, der
sabbelt, de Louis hat sisch uffgerabbelt.

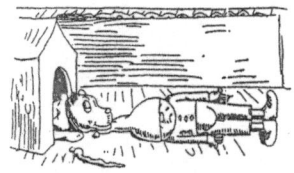

Hier leescht er sisch grad uff die Schbitz
vom Louis seine Zibbelmitz.

Ihn hält nix mehr an so em Ort,
er will nur aans jetz: nix wie fort!

Er denkt: fort kann der so net laafe,
da kann isch ruisch e bissi schlafe.

De Graps awwer hat zugebisse
un Louis, zack! zurickgerisse.

Inzwische haut de Louis ab,
de Graps hat bloß noch dem sei Kapp.

Endwische klabbt aach diesmaa nischt,
weil Graps ihn voll am Po verwischt.

De gude Nachbaa sieht en schdeh
un will middem zum Ofe geh.

Er schdeht un derf sisch net beweesche,
von owwe fellt en schdagge Reesche.

Bauz! Klirr! – er schdolbert uff de Schwell
De Louis is e Eisgerell.

Zeh Grad minus! Was des heißt?
De Louis is todal vereist.

Da nimmt de Nachbaa schnell sein Bese
un feescht eweg, was Louis maa gewese.

Werdschaft – Gesund dorsch de Hund

In jedem zweide Haushalt gibt's bei uns e Haustier. Des hab isch im Werdschaftsteil von dere Zeidung mit dem kluuche Kopp dehinner gelese.

Nix geesche Schildkreede, Meerschweinscher, Babbegeie un Laubfresch, awwer die iwwerwieschende Mehrzahl von dene Viescher wern doch wohl Hunde sei, nemm isch emaa aa.

Hawwe Sie schonn emaa dadriwwer nachgedacht, was des fer unser Werdschaft bedeut?

Gut, brumme duht se im Aacheblick noch, die Werdschaft. Awwer, es ziehe schwazze Wolge uff. De Atomausschdiesch, der will verkraft sei. Kohlekraftwägge sinn Dreggschleudern un wern bald de Bach nunner geh. Die Schdeuereinahme wern vorwieschend in Flischdlingsunnerkinft neischlubbe. Die halb Welt will bei uns nei. Die misse mer alliminanner verkösdische, ärzzlisch versorsche un dene unser Schbraach beibringe. Des kost Geld! Ach, de VW-Sgandaal hätt isch beinah vergesse. Des sinn alles schwere Schlääsch fer unser Werdschaft. Ob mir da Exbordweldmeisder bleiwe, dadehinner mach isch e groß Fraachezeische.

Sie, da isses doch en wahre Goddesseesche, dasses unser Hunde gibt. Die reiße uns raus aus dere Bredullje. Dadevoo bin isch iwwerzeuscht, felsefest.

95

Iwwerleesche Sie emaa, was allaa die Hundeschdeuer an Geld in dem Finanzminister sein Säggel eneischwemmt: Milljadde! Dann die ganze Fressalje fer Hunde. Die halde doch ganze Industriezweische am Lebe, die Maulkörb, die Leine, die Schlafkörbscher, sogaa die Pille geesche zisch Hundekrangheide, die Vitaminpille, die Fellfleeschebrodugde. Un net zu vergesse die Hundesalons, Hundeschule, Hundepensione, Hundeklinike mit all ihre Speddzialiste un Pfleescher – grad wie bei de Mensche. Un dann die Beerdischungsinschdidude mit Feuerbeschdaddung, die Urne, die eim mit de Asch von unsere Lieblinge geschickt wern, die Hundefriedhöf mit Grabfleesche. Abber da derf mer gaa net draa denke. Da werd mer traurisch weil, unser Hunde lebe halt leider net so lang als wie mir.

Neulisch hab isch ebbes Neues geseh: Es gibt jetz sogaa Wääschelscher wie fer die klaane Kinner, die mer als Aahänger ans Fahrrad klemmt. Da kann de Hund enei, un er werd haamgefahn, wann er zu müd is zu laafe.

Mer glaabts net, wer all an unsere Hunde ebbes verdient un dademit die Werdschaft am Brumme halde duht.

Mei Fraa un isch, mir duhn jetz aach ebbes fer die gut Sach. Mir schaffe en Zweidhund aa.

Sozialkitt Hund

Wohne Sie aach da, wo's en Haufe Hunde gibt?

Mir schonn, mei Fraa un isch. Mei Dochder aach.

Frieher emaa hawwe mir in ere Geeschend gewohnt, die wo braggdisch hundefrei gewese is. Mit eim seim Nachbaa hat mer da als emaa e Schwäddsje gehalde. Des war awwer aach alles. Mehr Leut hat mer da kaum gekennt.

Jetz wohne mer in erem Schdadtverdel, wo's beinah in jedem dridde Haus en Hund gibt. Die Hunde kenne sisch allminanner unnerenanner.

Die Hundebesitzer kenne sisch aach. Kenne is gaa kaan Ausdruck! Zwische dene häsche fast familljeähnlische Beziehunge. Die wern schee warm gehalde dorsch aagereeschde Geschbrääsche. Wodriwwer? Iwwer Hunde, jedenfalls vorwieschend. Ein unerschöbflisches Thema.

Sie, wenn isch en Soziolooch wär, dann deht isch e Buch schreiwe iwwer de Hund als sozjale Kitt von de Gesellschaft. Dadebei derf net iwwersehe wern, dass de Hund die Gesellschaft aach schbalde kann.

Es gibt Hundefreunde un es gibt Hundegeeschner, net nur weesche dene Hundehäufscher uff de Gass. Aach weesche uniwwerbriggbare Geschesätz zwische Daggelhalder un Piddbullhalder un zwische Hundehalder un Katzehalder. Aach zwische Flaaschfüdderer un Veganfüdderer.

Isch saach Ihne aans: Mir Hundehalder sinn selwer verandwordlisch dadefer, dass de Hund als sozialer Kitt erhalde un geföddert werd.

Villeischt isses Zeit fer die Gründung von erer Hundepaddei. Was maane Sie?

Hundedeutsch (I)

Wisse Sie, wo mer besonners scheene Hundeschbrüsch finne kann? Im Band 11 vom DUDEN. In dem sinn zisch vierbeinische Redewendunge festgehalde. Leider nur in Hochdeutsch. Kaa Brobblem annererseits, isch iwwersetz se Ihne gern ins Hessische. Mit Frankforder Zungeschlaach.

Wie Hund un Katz: Des sescht mer ibblischerweis von Leut, dene ihr Beziehunge geschdört odder ganz im Eimer sinn.

En digge Hund: Des is ebbes, wo eim die Schbugge wegbleibt. Jetz soll aach die Fraa Sounso bei ihrer Dokterawweit geschwinnelt hawwe. En digge Hund.

Hunde wo belle, beiße net: Bei Leut wo förschderlische Drohunge ausschdoße is meist net viel dehinner.

Die Hunde belle, awwer die Karawan zieht weider: Die Kriddigger solle ruisch kriddisiern, mir mache so weider wie mers fer rischdisch halde. De Helmut Kohl hat des emaa gesacht un so den aale Schbruch widder neu unner die Leut gebracht.

Da lischt de Hund begrabe: Da hawwe mer des Brobblem am Wiggel, jetz wisse mer, wodemit mers zu duhn hawwe. Wenn mir aame Rentner kaa Zinse mehr fer unser Geschbaardes krieje, da wisse mer, wo de Hund begrabe lischt: bei dem Obbermäscher in de EZB.

Da scheißt de Hund ins Feuerzeusch: Isses zu fasse? Die Griesche hawwe unser Kredidde uff Heller un Fennisch zurickgezahlt!

Scheiß de Hund druff: De is jetz worschtegal. Nur aa Null deneebe beim Loddo. Scheiß …

Es reeschent junge Hunde: Dademit bezeischend mer en rischdisch schdagge Reesche. Da schdeische Bäsch un Fliss iwwer ihr Ufer, da laafe die Keller voll un mansche Leut schwimme ihr Audos fort.

De Hund zum Jaache traache: Es gibt Leut, die sinn blind. Die sehe ihr Schaase net. Dene muss mer de Hund zum Jaache traache.

Des is zum junge Hunde krieje: Des is zum Verzweifele. Fast alle Zahle rischdisch un nur fuffzisch Euro Gewinn im Loddo.

Ebbes vor die Hunde wäffe: Des bedeut so ebbes Ehnlisches wie uff de Kopp haache, sei Geld uff die Gass schmeiße, zum Fenster nauswäffe, zum Schonnschdaa enausjaache, verjubele, verplämbern, verbulvern, verbuddern, verbrade, verschleudern. Alles klar?

Beriehmt-berüschdischt

Uff aan bromminende Hund muss unbedingt noch die Redd gebracht wern. Der geht net vergesse, eweso weenisch wie em Thomas Mann sein Bauschan un de Gebrieder Romulus un Remus ihr vierbeinisch Fleeschemudder.

Bromminend isser, der Hund, awwer Simmbadie hadder net erreescht.

Sei Beriehmdheit, die teilder mit siwwe annere Tiern. Is de Grosche gefalle?

Die Redd is von de Brieder Grimm ihrm Wolf un de siwwe Geisjer.

Hier kimmt mei Iwwersetzung ins Hessische, mit Frankforder Zungeschlaach.

Der Wolf und die sieben jungen Geißlein

Es war einmal eine alte Geiß, die hatte sieben junge Geißlein und hatte sie lieb, wie eine Mutter ihre Kinder lieb hat. Eines Tages wollte sie in den Wald gehen und Futter holen, da rief sie alle sieben herbei und sprach: „Liebe Kinder, ich will hinaus in den Wald, seid auf eurer Hut vor dem Wolf, wenn er hereinkommt, so frisst er euch alle mit Haut und Haar. Der Bösewicht verstellt sich oft, aber an seiner rauen Stimme und an seinen schwarzen Füßen werdet ihr ihn gleich erkennen." Die Geißlein sagten: „Liebe Mutter, wir wollen uns schon in acht nehmen, Ihr könnt ohne Sorge fortgehen." Da meckerte die Alte und machte sich getrost auf den Weg.

Es dauerte nicht lange, so klopfte jemand an die Haustür und rief: „Macht auf, ihr lieben Kinder, eure Mutter ist da und hat jedem von euch etwas mitgebracht." Aber die Geißerchen hörten an der rauhen Stimme, dass es der Wolf war. „Wir machen nicht auf," riefen sie, „du bist unsere Mutter nicht, die hat eine feine und liebliche Stimme, aber deine Stimme ist rauh; du bist der Wolf." Da ging der Wolf fort zu einem Krämer und kaufte sich ein großes Stück Kreide: die aß er und machte damit seine Stimme fein. Dann kam er zurück, klopfte an die Haustür und rief: „Macht auf, ihr lieben Kinder, eure Mutter ist da und hat jedem von euch etwas mitgebracht." Aber der Wolf hatte seine schwarze Pfote in das Fenster gelegt, das sahen die Kinder und riefen: „Wir machen nicht auf, unsere Mutter hat keinen schwarzen Fuß wie du: du bist der Wolf."

De Wolf un die siwwe Geisjer

Es war emaa e Gaas, die hat siwwe junge Geisjer gehabt. Die hat se alle siwwe so, so lieb gehabt, wie halt e Mamma ihr Kinnerscher lieb hat.

Aamaa wollt se in de Wald un Fudder hole. Ihr siwwe Klaane hat se ebeigerufe un gesacht: „Ihr Kinnerscher, isch muss jetz emaa in de Wald. Dass ihr mer jaa de Wolf net neilasst! Der deht eusch sonst alliminanner uffffresse, mit Haut un Haan, mäggt eusch des. Der Saukerl duht als emaa so als deht er gar kaan Wolf sei un kennt kaa Wessersche triewe, awwer wenners Maul uffmäscht un ebbes redd, dann erkenndern an seine raue Schdimm. An seine schwazze Fieß kammern aach erkenne."

Da hawwe die Geisjer gesacht: „Ja, Mamma, mir basse schonn uff, mir sinn ja kaa Beebies mehr, mach der maa kaa Sorsche weesche uns." Die Gaas hat sisch beruischt, e paa maa gemeggert un sisch uff die Sogge gemacht. Sie war noch net lang ausem Haus, da hat aaner an die Dier geklobbt un gerufe: „Hallo, ihr Kinner, macht uff, isch bins. Die Mamma hat eusch aach ebbes Scheenes mitgebracht." Die Geisjer hawwe awwer an dere raue Schdimm gemäggt, dass des de Wolf war.

„Mir mache net uff. Du bist net unser Mamma, die schwetzt ganz annersder. Du heerst dich wie de Wolf aa." Da is de Wolf innen Lade gegange und hat sisch e groß Schdick Kreide gekaaft. Die hadder gefresse un dadorsch e ganz zaat Schdimm gekriet. Dann isser zurick zum Häusje, hat widder aageklobbt un gerufe: „Hallo, ihr Kinner, macht uff, isch bins. Die Mamma hat eusch aach ebbes Scheenes mitgebracht." Jetz hadder awwer aa von seine schwazze Poote ins Fenster neigeleescht gehabt, un da hawwe die Kinner gerufe: „Mir mache net uff, unser Mamma hat kaa schwazze Fieß. Du bist de Wolf." Da is der zu em Begger gegange un hat gesacht: „Meisder, isch hab mer in de Fuß

geschdoche, mach mer doch emaa e bissi Teisch dadriwwer."

Gut, wie des fäddisch war, isser zu em Miller un wollt sich e bissi weiß Mehl iwwer die Poot schdreue lasse, awwer de Miller hadden erst emaa abgewimmelt, weil er gedacht hat, de Wolf deet dademit äschendwen aaschmiern wolle. De Wolf hat awwer net logger gelasse un gesacht: „Ich fress disch uff, wenn de des net mäschst!" Des is dem Miller in die Knoche gefahn un er hat halt dem Wolf sei Poot mit Mehl weiß gemacht. Was will mer mache, die Mensche sinn wie se sinn.

Jetz is der Schlawiener zum dridde maa an die Hausdier un hat aageklobbt: „Ihr Kinner, macht mer uff, euer lieb Mammaasche is haamkomme un hat jedem von eusch ebbes Gudes ausem Wald mitgebracht." „Zeisch uns erst emaa dei Poot, mir wolle sehe, ob du wägglisch unser Mamma bist." Wie da de Wolf sei Poot ins Fensder geschdreggt hat, da war se ja schee weiß, un die Kinner hawwe gemaant, des deht alles schdimme wasser gesacht hat. Un sie hawwe taadseschlisch die Dier uffgemacht. Es war awwer de Wolf, der neigeschdermt komme ist. O je, da sinn die Klaane ganz forschbaa erschrogge un hawwe sisch verschdeggele wolle. Aa is unnern Disch gehibbt, die zwaat ins Bett, die dritt in de Ofe, die viert in die Kisch, die finft in de Schrank, die seckst in die Waschschissel un die sibbt in de Kasde von de Wanduhr. Awwer de Wolf hat se alliminanner gefunne un korze Brozess middene gemacht. Aans naachem annere hadder verschluggt, bloß des jingsde im Uhrkasde, des hadder iwwersehe. Wie er nemmehr babb saache konnt, isser naus uff die Wiss vorm Häusje un hat sisch schlafe geleescht.

E bissi schbeder is die Gaas haamgekomme un hat ihre Aache net gedraut. Schbäangelsweit hat die Dier uffgeschdanne, Schdiel un Disch waan umgeschmisse, die Waschschissel hat in dausend Schääbe geleesche, Degge un Kisse waan ausem Bett rausgerobbt worn. Un nä-

schends die geringst Schbur von de Kinner. Ach, aan naachem annere hat se gerufe, die aam Mamma, awwer kaans hat sisch geriert. Bloß wie se de Name vom jingsde Geisje gerufe hat, da is e piepsisch Schdimmsche ausem Uhrkasde gekomme: „Mamma, isch schdeck hier drin." Da hat die Mamma ihr Nesdhäägsche rausgeholt ausem Uhrkasde un sisch die Schauergeschicht vom beese Wolf aageheert, der all die annern Klaane gefresse hat. Wie die aam Mamma da geflennt hat, des kennt ihr eusch sischer vorschdelle.

Dann sinn se alle zwaa naus uff die Wiss, wo de Wolf geleesche hat un geschnascht, dass mer gemaant hat, da deht e Seeschewäck schdehe. Die Gaas hat en sisch von alle Seide aageguggt un geseh, dass in seine Wamb ebbes rumgezabbelt hat. „Jesses, naa", hat se gedacht, „des sieht ja aus, als wern mei Klaane dadrin un dehte noch lewe!" Da hat se zu ihrm Jingsde gesacht: „Laaf un hol mer maa ganz schnell e Scher aus meim Nehkesdsche, un

e Nadel un Zwernsfaddem." Wie des da war, hat se dem beese Kinnerfresser de Ranze uffgeschnidde. Schonn naachem ersde Schnitt hat aans von de Geisjer sei Köbbsche rausgeschdreggt, un gleich hinnerher sinn se allminanner rausgehibbt, lewendisch! Kaan Kraddser hadde se abgekriet, weil de Wolf se am Schdick runnergewirscht hat. Was hat sisch da die ganz Famillje gefreut, dass se widder vollschdendisch waarn! Die Klaane hawwe ihr Mudder gedriggt un geschdreischelt un sinn rumgedanzt wie die Wilde. Da hat die Gaas gesacht: „Laaft un holt emaa en Schwung digge Schdaa, die schdobbe mer dem Säukerl in sein Bauch enei, solang er noch schleeft." Des habbe die Klaane gemacht un zusamme en Haufe Schdaa dem Wolf in sein Ranze neigepaggt. Die Mamma hat des Loch innere affeaadische Geschwindischkeit zugeneht. Dadevoo hat de Wolf gaanix gemäggt.

Wie er schbeder wach worn is, hat er en Mordsdorscht verschbiert un wollt zu em Brunne laafe. Dadebei sinn die Schdaa in seim Bauch anenanner geschoggelt. Da hat er gerufe: „Was rumbelt un bumbelden da in meim Bauch erum? Isch hab gemaant des wärn Geisjer, Häggoddnochemaa, jetz sinns lauder Schdaa!"

Wie er dann an de Brunne komme is un sisch zum Tringe gebiggt hat, da hadder es Iwwergewischt gekriet, is in de Brunne geschderzt un jemmerlisch ersoffe. Da waan die Gaas un die Geisjer ganz verriggt vor Freud, sinn um de Brunne rumgedanzt un hawwe gesunge: „De Wolf is doot, de Wolf is doot."

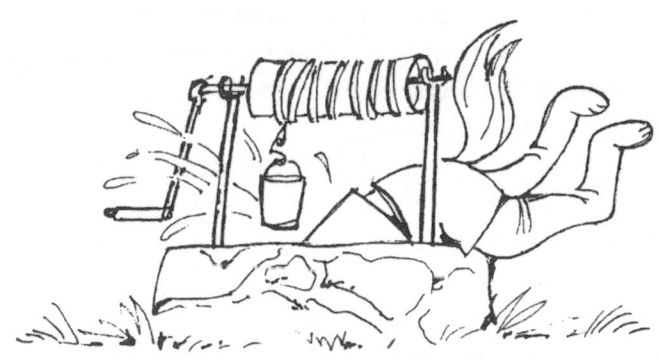

Jetz waaß mers

Hawwe Sie gewusst, dass en Hund im Berschbau zum Kohleschlebbe eigesetzt werd?

Fer was de Hund all herhalde muss.

Hawwe Sie gewusst, dass „Hund" de Name von zwaa Schdernbilder owwe im Himmel is?
Was mache die da owwe? Väunnreinische die da owwe womeeschlisch unser Admosfär? Hat des ebbes middem Ozonloch zu duh? Noch waaß mers net. Mir bezeischne ja als emaa en Schuft als en Himmelhund. Egal, isch will de Hunde net alluviel aahänge.

Solle die ruisch im Himmel e bissi rumgauze. In Brudersphären Wettgesang, wie de Geede in seim Faust gesacht hat.

Noch ebbes. Hawwe Sie gewusst, warum mir die gewehnlisch asch heiße Taache zwischenem 24. Juli un em 24. August „Hundstaache" nenne? Issch saachs Ihne. Weil da owwe im Himmel die Sonn un de Hundsschdern, de Sirius, gleischzeidisch uffgeh. Hund un Hitz geheern da zusamme. Jetz wisseses.

Wie kriet mer Aaschluss?

Im Fall Sie des Gefiehl hawwe, Sie dehde langsam so e bissi väeinsame, kaa Angst. Isch hätt da en Vorschlaach fer Sie, aan wo isch selwer schonn ausprowwiert hab.

Leesche se sisch e klaa Hundsche zu. Vielleischt ausem Tierheim. Es kann ruisch e Bromenademischung sei. Uff kaan Fall en mords Keeder wo meeschlischerweis Wudaafell kriet un Angst un Schregge um sisch erum verbreide duht.

Gewinne se erst emaa die Zuneischung von Ihrm Hundsche dorsch Werschdscher, Leggerlies un teeschlisch mehrmalische Zäädlischkeide. Fiehrn ses e paa Woche lang ganz normal Gassi in Ihrm Schdadtverdel. Dann mache se folschendes: wiggele se dem Klaane en mords Verband um aans von seine Baa, gehn se Gassi middem un mache e sorschevolles Gesicht.

Sie wern seh, es dauert net lang un erschend e Fraa schbrischt Ihrn Hund aa (net Sie): Ei was hadder dann, der Klaane, was hadder dann fer Wehwehsche? So, odder so ehnlisch. Jetz sinn Sie draa: Ach, der aame Kerl is gebisse worn vonnerem Piddbull wie mer leddst Woch in Bayern warn. Odder: E Katz is iwwern hergefalle. Odder: Er hat schon von Geburt aa e schwere Addrose. Egal, Ihne werd schon ebbes Iwwerzeuschendes eifalle.

Schonn sinnse im Geschbreesch mit dere Fraa. Un es bleibt net bei der aane. Die Fraue hawwe all e Häzz fers Vieh, un die Simmbaddie fer Ihrn Hund iwwertreescht sisch uff Sie, garrandiert.

Die Menner wo selwer en Hund hawwe sinn da schonn e bissi resserwierder. Net immer. Awwer meisdens.

Prowwiern ses aus. Mer heert die Schbrisch immer widder: Ei was hads dann, es Hundsche, was hads dann fer e Wehwehsche?

Wie isch neulisch mit meim Hund im Frankforder Grieneburschpack schbazziern gange bin, hab isch en ganz ehnli-

sche Schbruch geheert wo awwer nix middem Dabbes, meim Hund, zu duh gehabt hat.

Da hat en Mann en Kinnerwaache vor sisch her geschowe. In dem hat e Beebi geleesche, des hat gekrische, jesses naa, des hat vielleischt gekrische! De Mann, offesischdlisch de Babba von dem Klaane, hat als vor sisch hie gesacht: Ganz ruisch, Anton, ganz ruisch. Anton, ganz, ganz ruisch.

Da is newe dem Kinnerwaache e aal Omma vorbei. Die hat sisch nunner in den Kinnerwaache gebeuscht un gesacht: Ei was hadder dann, der klaane Anton, was hadder dann fer e Wehwehsche?

Da hat der Babba gesacht: Des is net de Anton. Isch bin de Anton.

Awwer des nur newebei.

Aahenglischkeit

Hawwe Sie aach en Hund dehaam? Mir hawwe aan. En Eerdeelterrier. Hunde wern aale Leut ja asch ans Häzz geleescht von Leut wos wisse misse. Wie haaße die gleisch? Kerrondolooche, glaab isch. Manschmaa klabbt ja mei Gedeschdnis doch noch.

Die Hunde solle uns aale Leut helfe, unser Väeinsamung besser zu ertraache, haaßds. Also väeinsamt sinn mir gaanet, mei Fraa un isch. Unser Dochder kimmt oft vorbei. No ja, oft ist vielleischt e klaa bissi iwwerdribbe. Awwer die hat ja aach asch viel um die Ohrn, mer waaß ja wies is. Dann hawwe mir alle Nas lang Besuch von endfännde Verwande wo in Frankfort uff erschendaa von de viele Messe gehe wolle. Der Hinnergrund von so Besuche is meeschlischerweis dass die Hoddellzimmer in Frankfort bei Messezeide asch deuer sinn un mir e Besucherzimmer hawwe.

Es kennt nadierlisch aach sei, dass so Besuche zusammehenge mit der Aahenglischkeit wo die endfännde Verwande fer uns in ihre Häzze draache.

Unsern Hund is jedenfalls auserordendlisch aahenglisch. Besonners hengder an meiner Fraa. Vielleischt schdeggt dadehinner aach e bissi was von dem Fennomehn wo unser endfännde Verwande bei Messezeide zu uns zieht. Es is ja so: Wer fiddert de Hund? Wer kraulden fuffzisch maa am Daach? Wer geht middem Gassi an all dene Schdelle vorbei wos fer Hundenase Pafföng vom besde gibt? Wer redd middem von morjens frie bis aawends schbed wie bei erer Taakschou im Fännseh? Meisdens mei Fraa. Des erklert mansches. Die Hunde sinn net dumm. Mei Fraa behaubt sogaa, de Dabbes (so haaßt unsern Hund) deht braggdisch alles verschdeh, was sie säscht. Isch glaab des net. Isch verschdeh aach net alles, was mei Fraa säscht, un des net weil isch schwerheerisch wär, obwohl mer des mei Fraa als vorwerft: Isch wär schwerheerisch, isch misst unbedingt maa zu em Ohrnazzt.

Dadebei heer isch deudlisch. Iwwerdeudlisch. Mei Brobblem is ganz annersder. Isch waaß nehmlisch meisdens net, wenn mei Fraa aus einischer Endfännung ebbes rieft oder säscht, ob isch odder de Hund gemaant is: „Was hasden da schon widder aagericht? Mach net als so en Krach! Willsde dann de ganze Daach uffem Sofa liehe? Jetz is der Kerl schonn widder am Saufe!"

So kanns gehe, wemmer uff de Hund gekomme is.

Hundevieh un Poesie (2)

Unnerschiede

Vergleisch disch, Herrsche, net mit mir!
Du bist en Mensch, isch bin e Tier.

Mei Hängebacke duhn gefalle
de meisde Hunde, wenn net alle.

Dei Hängebacke awwer schdörn,
un des net nur die junge Görn.

Wow!

Die Mamakatz sächt zu de Kätzjer:
„Heut suchemer uns e paar Plätzjer,
wos Mäus gibt, un isch zeisch eusch dann,
wie mer so Viescher fange kann.
Mucksmäusjeschdill misst ihr da bleiwe,
sonst duhtermer die Mäus vertreiwe."

Famillje Katz zieht jetz enaus.
Da is e Loch middere Maus!
„Pst!", flistert Mama, „uffgebasst,
wie mer e Maus am Kraache fasst!"
Oje, e Kätzje jault „Miau"!
Die Maus verschwind in ihrem Bau.

Mama denkt nach un mäscht „Wauwau".
Da denkt des Mäusje in seim Bau:
„En Hund! Wenn misch net alles täuscht,
hat der die Katz von hier verscheuscht.
Isch hab kaa Angst vorm bleede Hund
un hibb jetz naus un dreh e Rund."

Dort lauert mit erhobne Tatze
die Mama von de klaane Katze.
Sie schnabbt die Maus un zeischtse rum
un sächt: „Ihr Kinner, seid net dumm,
lernt ja beizeite fremde Schbraache,
sonst schdehter da mit leerem Maache!"

Was isch fern Hund emaa emfehl,
des is der Name Gabriel.

Un erer Hündin geb isch maa
den scheene Name Angela.

Aamäggung:

In dem Name ANGELA schdeggt bekanndlisch en Engel.
Uff Ladeinisch. Angelus. Bote Gottes, Engel.

Gut, Angela is, schdreng genomme, e Engelin, un die hats, schdreng genomme, gaanet gegewwe. Guggese nur maa im Museum die Bilder aa, wo Engelscher druff sinn. Des sinn allminanner, wenn isch misch net täusch, klaane Bubscher, mit Flüüschelscher, awwer unnerum als Bubscher erkennbaa!

Da hat die Kersch gendermeeßisch e bissi Nachholbedaff.

GABRIEL war aach en Engel. Sogaa en Erzengel, glaab isch. Un insofänn de Engelin ANGELA rangmeeßisch e klaa bissi iwwerleesche.

Schweizer Bernhardiner

Gehen Sie verschütt inerer Lawine,
dann buddelt so en Hund nach Ihne.

Friehmorschens middem Hund

Gassi gehe jeden Morsche,
des vertreibt die meisde Sorsche.

Des bringt Beweeschung, des hält jung,
des schafft de Sauerschdoff in unser Lung.

Mer trifft da annre Leut mit Hunde,
mer schwätzt e bissi, dreht e Runde.

So mäscht mer sisch schonn ganz frieh fit
un krieht fers Friehschdick Abbedit.

Schdimmds?

Hundeknatsch

Is de Hund net in de Reih,
fiehrt des leischt zu Schdreiderei.

Hast Du dem Hund sei Pill vergesse?
Gibbst Du dem etwa Worscht zu fresse?

Hast Du mit Fiffi Krach gehabt?
Bist Du ihr uff de Schwanz gedabbt?

Andwort ehrlisch uff mei Fraache:
Hast Du den Hund vorhint verhaache?

Hat der am End Dei Pill gefresse
die wo Dir nunnerfiel beim Esse?

Hat der Dein Rodwein uffgesabbert
den Du beim Fernsehn hast verschlabbert?

Dein Stinkehandkäs mit de Musick
darf doch de Hund net ham als Friehstick!

Vorsischt! So en Hundeschdreit
manschmaa Mann un Fraa endzweit

Schdandesunnerschied

E Hundedame edler Rass
trifft en Köter uff de Gass.

Sie schbringelt an e Eigangstor
un schdellt dem annere sisch vor:

„Gestatten ich bin Adelsdame.
Dulcinea von Rex-Hofa.
Wie ist Ihr werter Name?"
„Isch heiß Runner von dem Sofa."

De ideale Hund

En Rottweiler? Uff kaan Fall. Naa,
der beißt eim irschendwann ins Baa.

En Daggel? Naa. Des Belle von de Daggele,
des bringt selbst digge Wänd zum Waggele.

En Schnauzer? Naa, kaan Schnauzer,
des sinn genau so schlimme Gauzer.

Gibt's net en Hund der wo net kläfft?
Uffem Klo verrischdet sei Geschäft?
Dem sei Schdimm melodisch klingt?
Der morschens mir die Zeidung bringt!

Sie, so en Hund wär mir willkomme.
Den hätt isch längst hier uffgenomme.

Wodruff Hundefreunde uffbasse müsse

Bloß kaa Brot am Tisch vergesse!
Beschdimmt werd des gleich uffgefresse.

Vorsischt mit de Lewwerworscht!
De Hund kriet davoo zuviel Dorscht.

Net allzuviele Leggerli
Des verdrääscht kaa Hundevieh.

Bloß net schdreischle an de Ohrn!
Da hawwe Mensche nix verlorn.

Wenn Hunde schlafe, schlafe lasse.
Geweggt wern duhn die Hunde hasse.

En Besuch von Schwieschermüddern
kann eischne Hunde schwer erschüddern.

Hundedeutsch (2)

Was unser Schbraach an Hundewörder parad hält, des hääscht aan um, da bleibt aam die Schbugge weg.

Bekannt wie en bunde Hund
Sie, ob Sies glaabe odder net, des wär isch gern, sehr gern. Da dehde noch mehr Leut mei Bischer kaafe.

Jemand wie en Hund behandele
Ja, wie behandelt mer en Hund?
Heutzudaach im allgemeine gut, aadgerescht, als Mitgeschöpf, wenischsdens in unserm westlische Kuldurkreis. Annerswo gilt de Hund ja als unrein.

Des schmeggt wie Hund
In unsern Weltgeeschende is des ein vänischdendes kullinarisches Urdeil. In China net.

Von dem nimmt kaan Hund e Schdick Brot
Des säscht mer villeischt von em Parrer, der wo ebbes Aarischisches mit em Messdiener gehabt hat.
Ob der Schbruch wägglisch schdimmt? Ob unsern derzeidische Hund von so em Parrer kaa Schdick Brot nemme deht, dadefer deht isch mei Hand net ins Feuer leesche.

Da werd de Hund in de Pann verriggt!
So ebbes kann mer mit gudem Rescht saache, wenn en

Bankmännädscher in aam Jahr en Bonus iwwer drei Milljone krieht.

Wenn de Hund net geschisse hätt, hätt er de Haas gekriet
Wenn Bonn seinerzeit, was waaß isch aus was fer Macheschafde, die Nas net vorn gehabt hätt, dann wär Frankfort Bundeshaubdschdadt geworn.

Dademit kann mer kaan Hund hinnerm Ofe vorlogge
Des könnt mit dem Bischelsche hier bassiern. Mer waaß es net. Isch hoffs net.

Bei dem Wedder jaacht mer kaan Hund vor die Diehr
Also wisse se. Isch jaach nie unsern Hund vor die Diehr. Mei Fraa aach net. Wenn aaner jemand vor die Diehr jaacht, dann is des unsern Hund, un zwar mei Fraa. So ännern sisch die Zeide.

Mit de große Hunde pinkele wolle, awwer des Baa net hochkriehe
Viele von uns wolle des. Awwer es Baa mäscht net mit.

En krumme Hund
Unsern Nachbaa is des net. Goddseidank.

Wenn die Hunde middem Schwanz belle,
dann zahle die Griesche unser Kredidde zurick.

Hunde - Highlife

Isch saachs ja: Kaan Daach ohne irschend e Hundegeschischt in meine Zeitung.

Sie, in Kapstadt gibt's jetz e Luxushotel fer Hunde. Nur fer Hunde!

Mer muss sisch des als e Aad Wellnesseirischdung vorschdelle fer Hunde, dene ihr Frausche odder Herrsche, odder alle zwaa, im Aacheblick Waale in de Andagdis waddsche. Odder eifach daachsiwwer in erschend erer leidende Schdellung Geld wie Heu verdiene, sisch awwer net um ihr vierbeinische Lieblinge kimmern könne.

In dem Nobelhotel gibt's Einzelzimmer, Swiete un Gemeinschaftsräum mit lauter Sache, an dene e Hundehäzz hängt, beischbielsweis en Inneschbielblatz mit Rase un erer Schbrinkleraalaach.

Die Iwwernachdung is net billisch. Dadefer muss mer umgereschent zwanzisch Euro hiebläddern. Dadebei is des Gassigeh eigeschlosse.

Sie, in alle Räum hänge Kammeras! Da könne die Herrsche un Frausche uff ihrm Smadfon sehe, was ihr Lieblinge im Aacheblick aaschdelle. Geil.

Geesche Uffpreis gibt's Hundemenus von Schbitzeköch. Hundefännseh gibt's aach.

Sie, wenn mer so ebbes liest, dann denkt mer erst emaa: basst des in e Land, wo so viele Mensche am Hungertuuch naache? In Taunschips veschediern?

Des hat die Fraa Yanie Smit verschdanne. Der geheert des Hundeparadies in Kapstadt. Der isses von vonnerei klar gewese, dass fer so en Luxus irschendwie en Ausgleisch her muss. Desweesche is se hergegange un hat ebbes fer die aame Leut gedaa. Isch erklers Ihne.

Sie hat e Modekollektion fer Hunde endworfe. Subberidee. Reescheumhäng, Jäckscher, Schdrandaazüüsch, Krawadde, Sogge.

Die Aafäddischung von dem feine Hundeschniggschnagg iwwernemme Fraue aus de ördlische Aameväddel. Die Fraue kriehe braggdisch des ganze Geld, des wo bei dem Verkaaf von dene Säschelscher erauskimmt. Bravo. Da zieh isch mein Hut.

Neuste Meldung: Hundehotels von de Fraa Smit solle jetzt aach in London un Dubai eröffent wern. Wow!

Hunde in de höchste Kreise

Bei de Obamas habbe aach Hunde erumgehibbt. Im Weiße Haus. Die sinn sischer schonn von de Fraa Merkel gedädschelt worn. Die hat selwer kaan Hund, soviel isch waaß. Kann annererseits aach sei, dass se aan hat, en Hund, un des net in die Öffendlischkeit dringe lässt. Obwohl: Die Bildzeidung hätt des sischer rausgekriet.

Vielleischt is ja aach dibblomadische Vorsischt im Schbiel. Im Momment gibs ja vorsischdische Aanäherungsversuche zwischem Iran un uns. Da wedelt unser Werdschaft schon erwaddungsvoll middem Schwanz, hundebildlisch geschbroche.

Jetz wern Sie fraache, was des mit Hunde zu duhn hat. Un mit de Fraa Merkel. Ich sachs Ihne:

Die Iraner, also die wo da mommendan de Ton aagewwe, des sinn ganz raddikale Hundegeeschner. Des hat rellischiöse Hinnergründe, mit dene isch misch net auskenn. Hunde sinn „unrein", genauer gesacht ihrn Schbeischel.

Wisse Sie, was Ihne als Iraner bassiern kann, wenn Sie uffmübbfisch sinn, sisch en Hund halde un den Gassi führn? Isch habbs neulisch in dere Zeidung mit dem kluuche Kopp dehinner gelese: Sie wern eigelocht, un mer verabreischt Ihne sibbzisch Schdockschlääsch!

Jetz schdelle Sie sich bidde emaa vor, die Kanzlerin krieht Besuch aus Teheran, hohe Besuch, im Rahme von dere vorsischdische Aanäherung. Un der hohe Besuch wird von de Angela ihrm Hund mit Schwanzwedele begrießt. Net auszudenke.

Annererseits wärs nadierlisch e deudlisches Zeische dadefer, wo bei uns die rote Linie väläuft.

Awwer des is Sach von de Kanzlerin. Die werds schon rischdisch mache. Isch halt misch da raus.

P.S. De Putin hat aach en Hund. Ob den die Fraa Merkel schonn emaa gedädschelt hat?

Sinn Sie en Hunderassist?

Mir sinn ja fast allminanner geesche Rassismus, möscht isch emaa aanemme.

Bei de Hunde deht isch allerdings gern e Ausnahm mache, wenns Ihne rescht is. Schonn allaa weesche dene scheene, wunnerscheene Hunderassename.

Die klinge doch wie Musick!

Cockerspaniel, Pekinese, Basset Hound, Daggel, Goldendoodle, Podenco Canario, Dogo Argentino. Da geht eim doch des Häzz uff.

Yorkshire Terrier, Eskimo Spitz, Golden Retriever, Bulldogge, Cavalier King Charles Spaniel. Großaadisch.

Chow-Chow, Eurasier, Rottweiler, Mops, Welsh Corgi, West Highland White Terrier. Hällisch.

Chihuaua, Bichou à poil frisé, Bolonka Zwetna, Greyhound, Windhund, Papillon, Havaneser, Bluthund (uijuijui), Schweißhund (bitte des w net vergesse!), deutscher Vorschdehhund (geheert der zu de Deutsche Bank?), Bavaria Blue, Aldi (Entschuldischung! Da is mer ebbes dorschenanner gerade).

Der Autor

Hans Wolfgang Wolff, geboren 1926 in Frankfurt am Main, studierte Anglistik, Romanistik und Philosophie in Frankfurt und Grenoble. Er leitete den Sprachendienst und die Fremdsprachenfortbildung einer Weltfirma. Im Ruhestand schreibt er nun Geschichten und Gedichte, auch in hessischer Mundart.

ERHÄLTLICH IM BUCHHANDEL ODER

Hans W. Wolff

Im reifere Alder

„Wisse Sie, was en Schdammtisch is? Des is en Tisch wo die sitze, die wo da immer sitze. Isch geh gern keeschle. Mer muss ja im Sennjornalder uffbasse, dass mer net väeinsamt. Un da is ein Väein e gut Middel degeesche. ‚Alle Neun' is ein Goddessesche. Mer kimmt da reeschelmeeßisch emaa unner Leut wo eim besonners simmbadisch sin. Aach krieht mer als Mann voriwwergehend e bissi Abschdand von eim seiner Ehefraa. Des is ja net väwäfflisch, odder? Ganz im Geescheteil, es schdäggt die geescheseidische Zuneischung. Saache die Bsischolooche. Un die misses ja wisse. Die Sach hat aach den Vordeil, dass die Babett, mein Fraa, mir net jed Glas Ebbelwei nachzähle kann, des isch nachem Keeschele schleusch. An unserm Schdammtisch bei de ‚Frau Rauscher'. Aale Frankforter wisse, wo des is." - Wie immer mit viel Humor und Lokalkolorit erzählt uns Hans Wolfgang Wolff aus dem Alltag reiferer Frankfurter, die noch nicht zum alten Eisen zählen. Für Mundart-Fans, und nicht nur für die ...

144 Seiten, Broschur, ISBN 978-3-95542-192-2, 12,80 Euro

ERHÄLTLICH IM BUCHHANDEL ODER

Hans W. Wolff

Von Affezäggus bis Zabbelfillibb

„Ank", „Maabootscher", „Gequellde", „prääwele", „Flitsch" – Wenn der Hesse „babbelt", wie ihm „de Schnawwel gewachse is", verlieren „Eigeplackte" oder andere Nicht-Muttersprachler schon mal den Überblick. Und selbst eingefleischte Hessen brauchen ab und an ein Nachschlagewerk, um im Zweifelsfall die richtige Formulierung zur Hand zu haben. Abhilfe schafft hier der Sprachwissenschaftler Hans W. Wolff mit seinem Intensivkurs „Hemdsärmelisch Hessisch", mit vielen Beispielen, Zwischentests und Lektüretexten – und vor allem mit spürbarer Liebe zur Sprache. Für zusätzliche Anschaulichkeit sorgen die Illustrationen von Ludwig Nardelli. Die neu gestaltete und stark erweiterte Ausgabe beherbergt nun auch ein „Bildwörderbischelsche", damit das Hessische auch intuitiv „uffgeschnappt" werden kann.

128 Seiten, SmartCover, ISBN 978-3-942921-27-5, 12,80 Euro

Hans W. Wolff

Frankforder Gebabbel

„Wie gut kenne Sie Frankfort?", fragt Hans Wolfgang Wolff in seinem neuen Buch, das sprachliches Lokalkolorit und Frankfurter Mutterwitz erneut originell kombiniert. Gebabbel und Sprüch zu allen zentralen Frankfurter Belangen werden präsentiert, angefangen von „Ärztlischer Beischdand", über „Familljeblaanung" (Sexualleben) bis hin zu „Wasserhäusje" und „Zäh zeische". Wolffs humorvolle Erläuterungen zu allen wichtigen Frankfurter Themen sind so der ideale Begleiter für Lokalpatrioten wie für „Eigeplackte". Und ganz nebenbei lernt man hier auch einiges über die Mentalität der Stadtteile: Von Sachsehausen bis Bernem wird der Bogen weit gespannt ...

128 Seiten, SmartCover, ISBN 978-3-95542-041-3, 12,80 Euro

En scheene Name muss her?

Mer sollt alte Leut net schenne,
wenn se ihr Hundsche Waldi nenne.

Des schbrischt net grad fer Fandasie,
doch schdörts ihr Hundsche praggdisch nie.

Fer junge Mensche, jede Wett,
geht Waldi awwer wägglisch net.

Aach Fips klingt net besonners schee,
Fips is wägglisch längst passé.